»Angesichts dieser Kultur und dieses Lebens sinkt mein Nationalgefühl auf Null«, schrieb Hermann Hesse 1901 in einem Brief von seiner ersten Italienreise. Seitdem hat er bis 1914 dieses Land immer wieder bereist und Venedig, Florenz, die Toskana und Umbrien auf ganz untouristisch-eigenwillige Weise für sich entdeckt und erwandert. Worüber »Baedeker unverantwortlich schweigt«, finden wir in Hesses Tagebüchern und Reiseskizzen so anschaulich und poetisch geschildert, daß es ein Abenteuer ist, die Landschaften, Städte und Sehenswürdigkeiten Oberitaliens mit diesem alternativen Reisebegleiter zu erleben.

»Man bringt von jedem Besuch in Italien ein unschätzbares Kapital mit, das sich auch äußerlich gut verzinst. Man holt sich da eine Frische und Freiheit und zugleich einen inneren Besitz an Freude und Schönheit, der alles aufwiegt.« *Hermann Hesse*

insel taschenbuch 1120
Mit Hermann Hesse
durch Italien

Mit Hermann Hesse durch Italien

Ein Reisebegleiter durch Oberitalien

Herausgegeben
von Volker Michels

Insel Verlag

insel taschenbuch 1120
Erste Auflage 1988
Originalausgabe

Quellennachweis am Schluß des Bandes
Vertrieb durch den Suhrkamp Taschenbuch Verlag
Umschlag nach Entwürfen von Willy Fleckhaus
Satz: LibroSatz, Kriftel
Druck: Nomos Verlagsgesellschaft, Baden-Baden
Printed in Germany

3 4 5 6 7 8 – 99 98 97 96 95 94

Inhalt

Daß mein Reisen, Sehen und Erleben unabhängig von Mode und Reisehandbüchern war, wird man leicht sehen können. Wer auf Reisen wirklich etwas erleben, wirklich froher und innerlich reicher werden will, wird sich die geheimnisvolle Wonne eines ersten Schauens und Kennenlernens nicht durch sogenannt »praktische« Reisemethoden verderben. Wer mit offenen Augen in ein fremdes, bis dahin nur aus Büchern und Bildern gekanntes, aber seit Jahren geliebtes Land kommt, dem wird jeder Tag unerwartete Schätze und Freuden geben, und fast immer behält in der Erinnerung dieses naiv und improvisiert Erlebte die Oberhand über das planmäßig Vorbereitete. [1904]

Reiselust

Es ist mitten im Winter, der Schnee wechselt mit Föhn und das Eis mit Schmutz, die Feldwege sind ungangbar, man ist von der nächsten Nachbarschaft abgeschnitten . . .

Ich trete häufig für einige Augenblicke ins Schlafzimmer, wo an der Wand die große Karte von Italien hängt, und streife mit begehrlichem Auge über den Po und Apennin hinweg, durch grüne toskanische Täler, an blau und gelben Strandbuchten der Riviera hin, schiele auch etwa nach Sizilien hinab und verirre mich dabei gegen Korfu und Griechenland hin. Lieber Gott, wie ist das alles nah beieinander! Und wie schnell kann man überall sein. Und pfeifend kehre ich in die Studierstube zurück, lese entbehrliche Bücher, schreibe entbehrliche Artikel und denke entbehrliche Gedanken.

Im vergangenen Jahre war ich sechs Monate auf Reisen, im vorhergehenden fünf Monate, und eigentlich ist das für einen Familienvater, Landmann und Gärtner ziemlich reichlich, und als ich neulich das letztemal heimkehrte, nachdem ich unterwegs in der Fremde krank geworden, operiert worden und eine gute Weile gelegen war, da schien es mir an der Zeit, nun für lange hinaus, wenn nicht für ewig, Frieden zu schließen und heimisch und häuslich zu werden. Allein, kaum war die ärgste Abmagerung und Müdigkeit überwunden und ersetzt, kaum hatte ich mich wieder ein paar Wochen mit Büchern befaßt und Schreibpapier verbraucht, da schien eines Tages die Sonne wieder so unheimlich gelb und jung auf die alte Landstraße, und über den See lief ein schwarzer Nachen mit einem großen schneeweißen Segel, und ich bedachte die Kürze des Menschenlebens, und plötzlich war von allen Vorsätzen und Wünschen und Erkenntnissen nichts mehr da als eine unheilbare, tolle Reiselust.

Ach, die echte Reiselust ist nicht anders und nicht besser als jene gefährliche Lust, unerschrocken zu denken, sich die Welt auf den Kopf zu stellen und von allen Dingen, Menschen und Ereignissen Antworten haben zu wollen. Die wird nicht mit Plänen und nicht aus Büchern gestillt, die fordert mehr und kostet mehr, man muß schon Herz und Blut daran rücken.

Vor meinem Fenster wühlt der weiche, laue Westwind im schwarzen See, ohne Zweck, ohne Ziel, in seiner Leidenschaft rasend und sich verzehrend, wild und unersättlich. So wild und unersättlich ist die wahre Reiselust, der Erkenntnis- und Erlebensdrang, den kein Erkennen stillt und kein Erleben sättigt. Der ist stärker als wir und als alle Ketten, und über wen er herrscht, von dem will er immer wieder Opfer haben. Gibt es nicht Menschen, die toll und wild bis zum äußersten Wagnis und bis zum Untergang nach Geld jagen und nach Frauengunst und nach Fürstengunst? Nun, so jagen wir, wir Reiselustigen, nach einem Erfassen und Erleben der Mutter Erde, nach einem Einswerden mit ihr, nach einem so völligen Besitzen und Sichhingeben, wie es nicht zu haben und nicht zu erjagen, wie es nur zu träumen, zu begehren, zu ersehnen ist. Und vielleicht ist diese unsre Jagd und Leidenschaft nicht viel anders und um nichts besser als die des Spielers, des Spekulanten, des Don Juan, des Strebers. Im Hinblick auf die Abendstunde aber scheint mir unsre Leidenschaft doch besser und wertvoller zu sein als manche andre. Wenn uns die Erde ruft, wenn uns Wanderern die Heimkehr, uns Rastlosen die Ruhestatt winkt, so wird das Ende kein Abschiednehmen und zages Sichergeben sein, sondern ein dankbares und durstiges Schlürfen des tiefsten Erlebens. Wir sind neugierig auf Südamerika, auf unentdeckte Buchten der Südsee, auf die Pole der Erde, auf das Verstehen der Winde, Ströme, Blitze, Lawinen – aber wir sind noch unendlich viel neugieriger auf den Tod, auf das letzte und kühnste Erlebnis dieses Daseins. Denn wir glauben zu wissen, daß von allen Erkenntnissen und Erlebnissen nur die wohlverdient und befriedigend sein können, um die wir gern das Leben hingeben. [1910]

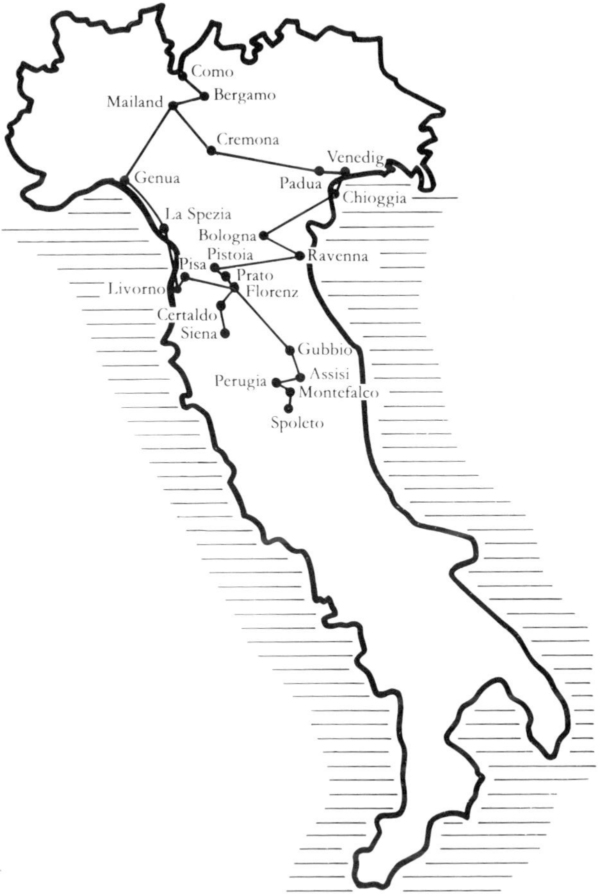

Reiserouten mit den von Hesse besuchten und in seinen Schriften erwähnten Orten in Ober- und Mittelitalien.

Über die Alpen

Das ist ein Wandern, wenn der Schnee
Der Alpenberge kühl erglänzt,
Indes der erste blaue See
Italiens schon die Sicht begrenzt!

Durch Höhenwind und herbe Luft
Weht eine süße Ahnung her
Von violettem Ferneduft
Und südlich übersonntem Meer.

Und weiter sehnt das Auge sich
Zum hellen Florentiner Dom
Und träumt nach jedem Hügelstrich
Aufsteigend das beglänzte Rom.

Schon formt die Lippe unbewußt
Der fremden schönen Sprache Laut,
Indes ein Meer verklärter Lust
Dir schauernd warm entgegenblaut.

Spaziergang am Comer See

Der Spätnachmittag schwankte unentschlossen zwischen böiger Heiterkeit und stillem Regen, es war kühl, und von den Bergen blickte frischer bleicher Schnee herab. Ich war in Como ausgestiegen, weil mir das der schönste Eintritt ins italienische Land scheint, wenn man vom Gotthard kommt. Man ist den Bergen noch nahe und spürt doch schon mit ahnendem Verlangen Ebene und weite, stille Fruchtbarkeit, und das Städtchen Como ist vom guten oberitalienischen Typ, sauber und wohlhabend, freundlich und gastlich.

Im Gegensatz zu Lugano und allen den berühmten Seestädtchen wendet Como dem See den Rücken zu, und man hat selbst an dem hübschen kleinen Hafenplatz nicht das langweilend beängstigende Gefühl, auf dem Sperrsitz einer wohlarrangierten Landschaft gegenüber zu sitzen, mit dem Billett in der Tasche und mit der Verpflichtung, die Sache schön zu finden. Das einzig Mißglückte an Como ist der steile Berg mit Brunate* oben, mit den meist protzig öden Bauten und den haushohen Plakatbuchstaben für »Tor« und »Fernet-Branca«. Man wendet ihnen und dem See den Rücken und schlendert harmlos in einer hübschen lebendigen Stadt, die reich genug an alter Schönheit ist und doch nirgends den Eindruck eines Museums macht. Der Fremde ist hier freundlich geduldet, er wird weder als Wundertier bestaunt noch als Spekulationsobjekt mißbraucht. Und schon hier hat das Leben

* Villenvorort mit zahlreichen Sommerhäusern der Mailänder.

der Gasse italienischen Zauber, singende Handwerker arbeiten im Freien, und schöne, leichtfüßige Mädchen und Frauen bewegen sich in den hübschen Straßen wie wohlbeschaffene Vögel in ihrem Walde, ohne Schwere und ohne andere Gefallsucht als die des Vogels und Schmetterlings.

Als ich nach einem stillen Gang durch die Gassen auf den leeren Platz am Hafen kam, schien das Wetter eine gute Stunde zu versprechen, und da gerade ein kleines Dampfschifflein bereit lag und zur Abfahrt pfiff, lief ich rasch über den Steg und fuhr mit, noch ohne zu wissen, wohin es gehe. Wir fuhren aus dem bescheidenen Becken von Como, das eigentlich nur ein großer Hafen ist, an Villen und Frühlingsgärten vorüber in den größeren Seearm, der Wind fegte kalt über das kleine Deck, und die paar Reisenden drängten sich bei der Maschine zusammen. Ich habe diesen See niemals richtig lieben können, er ist gar zu schön und glänzend, er bietet seinen Reichtum allzu willig dar, und es fehlt ihm das Schönste, was ein See haben kann, ein ruhiges, schöngebreitetes Ufer. Die Berge sind drückend hoch und fallen erbarmungslos steil herab, oben wild und kahl, unten überreich mit Dörfern, Gärten, Sommersitzen und Gasthöfen bedeckt, alles ist herrliche, nahe, prangende Wirklichkeit, alles schmettert und glänzt von Pracht und Fülle, nirgends ist ein Ort für Traum und Ahnung geblieben, ein schilfiges Moor oder ein schlafender Weidenstand, eine nasse Uferwiese oder eine lockende Buschwildnis.

Dennoch zog und bestrickte mich die satte Schönheit auch diesmal wieder stark, die Felsenromantik steilhängender Dörfer, der selbstbewußte Ernst aristokratischer Villen mit Garten, Park und Bootshafen, die gesellige Nachbarlichkeit der Landgüter und Bauten. Eines von den Dörfern, es hieß Torno, lag sogar so fein und apart auf seiner koketten Landzunge, daß ich beinahe ausgestiegen wäre. Das Schiff lief nahe beim Ufer einer launigen Bucht nach, hinter dem dünnen Grün junger Buchen floß zauberhaft weiß und schleierig ein langer, geräuschloser Wasserfall herab, so verborgen und still, wie ich es hier nirgends gesucht hätte. Das Dorf selber lag klein und leicht ansteigend am Hügel und bot dem See eine entzückend reingestimmte Schauseite dar: ein Landungs- und Wäscheplatz mit breiten, flachen Steinstufen, angebundene Boote zu Füßen, ein grünbewachsenes Haus mit Torbogen und kleinen Balkonen, ein stiller heller Steinplatz und dahinter Fassade und Turm einer schönen Kirche, eine sanfte halbrunde Hafenmauer mit jungen Bäumen darauf. Es war ein vollkommenes, wohl abgewogenes Bild, und es war so lieblich, daß ich im letzten Augenblick mich nicht entschließen konnte, es mir vielleicht zu zerstören. Ich blieb auf meinem Platz und ließ das kleine Juwel vorüberziehen und sich verschieben und kleiner werden, nickte ihm dankbar zu und nahm leichten Abschied. Die »Liebe auf den ersten Blick« habe ich bei Gemälden und namentlich bei Architekturen häufiger bewährt gefunden als bei Landschaften.

In Moltrasio, überm Seearm drüben, hielt das Schiff, und ich erfuhr, daß es hier eine Stunde liegen bleibe, um dann nach Como zurückzufahren. So stieg ich denn aus und schlenderte ins Dorf, mit einem angenehmen Fremdlingsgefühl. Außer einer imponierend großen, stillen Villa mit geschlossenen Fensterläden in der glatten, ruhigen Fassade war nichts Verlockendes zu sehen. Ich stand am hohen Eisengitter des Portals und sah in den streng symmetrischen, ruhig ansteigenden Garten, wo über einem kleinen ovalen Teiche Kamelien blühten und blaue Sternblumen im Rasen und wo ein breiter fürstlicher Parkweg hinauf zum Hause führte.

Dann ging ich weiter und den ersten Pfad berganwärts. Er führte über ungezählte Steinstufen an einer hohen unendlichen Steinmauer hin, und über der Mauer stiegen streng und regelmäßig in kleinen Terrassen die hohen Zypressen mit. Häuser tauchten auf, ein fallendes Wasser wurde hörbar, verworren mit dunklen Menschenlauten aus nahen Gassen, der Pfad führte eng und unter dunkelnden Dächern hindurch auf den kleinen Vorplatz einer Kirche. Ich ging hinein, sie war leer, ich verweilte Augenblicke vor einem Chor mit hübschen, schönfarbigen Fresken, ging zurück und unter einer Bogenhalle weiter, und plötzlich stand ich auf einer kleinen, schwach gebogenen Brücke, über mir stürzte steil und schäumend ein wilder Bach herab, der unterhalb, wieder unter schwebenden Brücken hin, in drei, vier kühnen Fällen zwischen bemoosten Mauern und grünen Gartenhecken das Tal erreichte. Hübsche Mädchen trugen Wasser in Kupferkesseln auf dem Kopfe, schwebten balancierend über eine der Brücken und verschwanden im feuchten Dunkel der engen Gäßchen.

Ich ging in der Höhe weiter, an frisch bestellten Gemüsegärten hin, da und dort tat sich der Blick in die Tiefe und nach der Seeweite auf. Meine Stunde war bald abgelaufen, ich begann mich nach einem Weg zur Schifflände umzusehen.

Da geriet ich unversehens auf einen grasigen Weg zwischen hohen Zypressen, oben und unten die begrünten Mauern großer Gärten, daneben grau und verwittert ein baufälliger Glockenturm, alles schweigend und kühl und märchenhaft verschlafen. Suchend ging mein Blick über die lange Gartenmauer zur Linken, ich fand sie von einem fensterartigen, schwarzdrohenden Loch unterbrochen und trat näher. Da gähnte im alten Steinwerk eine tiefe finstere Nische, mit einem eisernen Gitter verschlossen, und hinter dem Gitter in kalter Dämmerung glomm und schien etwas seltsam Bleiches in unfroher Helle, und da ich näher zusah, war es eine große Pyramide von Totenschädeln, die hier, zu Gedächtnis und Mahnung aufgestellt, im Düstern den Zeiten standhielten. Der Anblick war mir nicht fremd, ich hatte in Österreich und im Elsaß mehrmals solche Schädelpyramiden gesehen und sie nie sonderlich geschätzt. Diese aber entzückte mich und bleibt mir unvergeßlich. Denn das finstere schwarze Gitter, hinter dem die Zeichen der Vergänglichkeit in ihrer steifen Ordnung grinsten, war von Kinderhänden über und über mit frischen, hellblutroten Kamelienblüten besteckt, und in meiner Erinnerung ist stärker als Seefahrt und Uferpracht, stärker als Wasserfall und friedlich bemalter Kirchenchor das lichte, kindliche Blumenspiel am Schädelgitter eingegraben geblieben.

[1913]

Blick über den Comer See auf Tremezzo.

Die Zypressen von San Clemente

Wir biegen flammend schlanke Wipfel im Wind,
Wir schauen Gärten, welche voll Frauen sind
Und voll Spiel und Gelächter. Wir schauen Gärten,
Wo Menschen geboren und wieder begraben werden.

Wir sehen Tempel, welche vor vielen Jahren
Voll von Göttern und voll von Betenden waren.
Aber die Götter sind tot und die Tempel sind leer
Und im Grase liegen gebrochene Säulen umher.

Wir sehen Täler und sehen silberne Weiten,
Wo Menschen sich freuen, müde werden und leiden,
Wo Reiter reiten und Priester Gebete sagen,
Wo Geschlechter und Brüder einander zu Grabe tragen.

Aber des Nachts, wenn die großen Stürme kommen,
Werden wir traurig und bücken uns todbeklommen,
Stemmen die Wurzeln angstvoll und warten leise,
Ob der Tod uns erreiche, oder vorüberreise.

Bergamo

Ein moderner Bahnhof und eine moderne Stadt empfingen mich, an der breiten stattlichen Straße standen erleuchtete Restaurants und Läden, trotz dem finsteren Regenabend machte die Menge ihren Abendgang, und die Trambahn war überfüllt. Sie wurde gegen die Altstadt und die Station der Drahtseilbahn hin leerer und leerer, und schließlich fuhr ich beinahe allein die steile Bahn hinauf. Unter mir verglühte die lebhafte abendliche Stadt, oben empfing mich der übliche zementierte Perron, neugierig trat ich aus dem Raum ins Freie und war mitten in einer dunklen alten Stadt, eine enge leere Gasse nahm mich auf, Läden wurden geschlossen, plötzlich erschreckte mich der Anblick eines unwahrscheinlich hohen Turmes, der aus der Häuserschlucht emporstieß und nach oben in die Nacht verschwand, es war, als sei ich plötzlich in der südlichen Toskana oder in einem umbrischen Bergstädtchen. Überraschend tat sich bald darauf die Gasse auseinander und ergoß sich in einen großen, wunderschönen Platz, rechts eine lange Bogenhalle, wo abendliche Bummler ihre Pfeife rauchten, links undeutlich ein großes Denkmal, modern, ein Garibaldi offenbar, und dahinter ein dunkler vornehmer Bau, schwere Pfeiler und schön gewölbte Bogen, auf dem ganzen Platze kein Leben mehr als die matt erhellten Scheiben eines kleinen Kaffeehauses und einer Drogerie, in deren Fenster grüne und orangenrote Flaschen juwelenhaft leuchteten. Ich atmete tief auf, seit langem war ich nicht mehr so bei Nacht in ein altes italienisches Nest eingezogen, von ahnungsvollen Dunkelheiten angelockt, von plötzlich vortretenden edlen Architekturen überrascht und vom feuchten Dunst enger Steingassen begrüßt.

Im Gasthaus bekam ich ein rotgepflastertes Zimmer, groß, wie in einem Palast, und einen zarten Geißbraten, der Wein war gut, und der Wirt hatte eine schöne Schwägerin. Dennoch ging ich bald wieder aus. Der Regen tropfte sanft auf die großen Steinplatten, auf denen man so herrlich geht, der Garibaldi stand ernsthaft und etwas bedrückt auf seinem hohen Sockel, von vier äußerst grimmigen Löwen bewacht. Dreien von ihnen steckte ich je ein Zweisoldistück in das brüllende Bronzemaul – am nächsten Morgen fand ich die Münzen alle an ihrem Orte wieder. Indessen war ich um das Denkmal herumgegangen und stand vor einem wundervollen Palast, dessen Erdgeschoß sich als eine mächtige gewölbte Halle darstellte, mit dicken kantigen Pfeilern außen und schönen leichteren Säulen innen. Ich ging hindurch, sah links eine gewaltige weiße Treppe zum Dome führen und vor mir eine zweite, große, phantastisch aussehende Kirche, undeutliche Kuppeln im Nachthimmel, ein uraltes, anscheinend gotisches Portal mit Figuren in kleinen Gewölben, eine Kapelle zur Seite mit reicher, üppiger Fassade, alles im trüben Dämmer schwimmend, alles voll Ahnung und Versprechung und Vorgefühl schönster Überraschungen. Ich ging vorbei, erregt und voll Erwartung für morgen, und trug kein Verlangen, mir durch die Lektüre des Baedeker oder Cicerone die Spannung und Reiseköstlichkeit zu verderben.

Am Morgen war mein erster Gang wieder zu dem Platze, der nun im Tageslicht alle Versprechungen der

Nacht wahr machte. Nur der Garibaldi hatte verloren, er stand schäbig auf seinem zu großen Sockel, und die vier wilden Löwen waren, wie ich jetzt sah, nicht nur töricht, sondern glücklicherweise auch viel zu klein. Der Palast mit der gewölbten Halle enthielt die berühmte Bibliothek von Bergamo, die einige hundert Inkunabeln besitzen soll, und ich hätte sie ansehen können, wenn ich irgend Lust dazu gehabt hätte. Eine kühne Riesentreppe mit einem von Säulen getragenen Hohlziegeldach führte zu ihr hinauf. Ich ließ sie liegen und ging erwartungsvoll unter der Halle durch, an einer schwungvollen barocken Statue vorbei, die den Dichter Tasso vorstellte, und jetzt sah ich die beiden Kirchenbauten, die mir in der Nacht so geisterhaft entgegengeblickt hatten, klar und kühn in der dünnen Morgensonne stehen.

Drüben stand der Dom, feierlich froh und hell mit breiten königlichen Stufen vor dem Eingang, daneben, vor mir, Santa Maria Maggiore und, daran angebaut und wunderlich wild verziert und ausstaffiert, die Kapelle des Colleoni. Vor dem Kirchenportal ein kleiner hoher Vorbau: sechs bescheidene Steinstufen, ein weiter romanischer Rundbogen auf zwei von Löwen getragenen Säulen, darüber hoch und kühn ein gotischer Aufbau, eine Art kleiner zierlicher Halle mit drei Nischen und in jeder eine alte naive Skulptur [etwa langobardischer Herkunft]*, die mittlere zu Pferde, und über dem allem nochmals ein schmales, spitzbedachtes Stockwerk, ein Stüblein mit zwei lichten, hübschen Säulen vorn und drei Heiligen darin, das Ganze von

* In eckigen Klammern: Zusätze aus früheren Fassungen dieses Textes.

einer spröden Anmut und wildgewachsenen Unschuld und von jenem Zauber der Namenlosigkeit, da diese Art von Kunstgebilden gleich denen primitiver Völker weniger aus einem einzelnen Kopfe als aus dem Denken und Gefühl einer ganzen Generation und eines ganzen Stammes entsprungen scheint.

Ehe ich die Kirche betrat, blieb mein Blick an der überreichen Fassade der Colleoni-Kapelle hängen. Ihre Anlage muß schön und einfach gewesen sein, eine geschmackvolle Wiederholung der alten, bewährten Anordnung: Portal und zwei Seitenfenster, überm Portal eine große Rosette, oben als Abschluß eine lichte, leichte Galerie mit zierlich kleinen Säulchen. Irgend etwas stimmt aber nicht, das Ganze klingt nicht ganz rein und vollkommen zusammen, zwischen Wand und Kuppel bleibt etwas leer und ungelöst, und außerdem ist die ganze Fassade später aus dem Inneren der Kirche her mit hundert Stücken und Stückchen beklebt worden, die dort bei einer Neueinrichtung entbehrlich geworden waren. Da wimmelt es von Säulen und Säulchen, von Reliefs in allen möglichen Materialien, Porträts und Engelchen, und das zugrunde gelegte zweifarbige Marmormuster täuscht, manchen unseligen modernen Fußböden gleich, eine Anordnung von Würfeln vor, die einem wild und gegen alle Naturgesetze ins Auge springen. Ach, zuweilen tut es mir geradezu wohl, auch die Italiener einmal bei einer richtigen Geschmacklosigkeit und saftigen Entgleisung zu ertappen, sie, die gewiß oft genug äußerlich und frech virtuos sind, denen aber solche ganz schlimme Mißgeschicke im Bauen und Dekorieren, wie sie bei uns beinahe die Regel sind, doch nur selten passieren.

Durch die Tätowierung nicht abgeschreckt, ging ich in die Kapelle hinein, wo der venezianische General Colleoni samt seiner Tochter begraben liegt und wo heute noch, aus einer Millionenstiftung des frommen Feldherrn her, täglich Messen für ihn gelesen werden. Über seinem Sarge in tiefer Wandnische reitet der General, vergoldet auf einem vergoldeten Rosse, schön in etwas steifer Würde und Größe, und an der nächsten Wand liegt fein und klein in schmächtiger Zierlichkeit seine junge Tochter, in Stein gehauen, auf ihrem steinernen Kissen und schläft, vom unbekannten Künstler verewigt, in rührender Schönheit ahnungslos derselben Dauer und Berühmtheit entgegen wie ihr großer Vater.

Nun lief ich neugierig, an den säulentragenden rötlichen Löwen des Portals vorbei, der großen Kirche zu, trat ein und ward alsbald von einem fromm-feierlichen Licht und Dufte umfangen, goldenes Zwielicht über dunklen Altarbildern und bleichen Fresken, in Nischen und an Wänden allerlei Gemeißeltes und Geschnitztes, viel Pracht und Reichtum überall verschwendet. Man geht [durch diese gehäufte Pracht], atmet Glut und Selbstbewußtsein einer stolzen Vergangenheit, begrüßt im flüchtigem Erkennen ein steinernes Gesicht, eine gemalte oder gewirkte Landschaft, ein goldenes Ornament, geht weiter und vergißt noch im Gehen das kaum Gesehene, es bleibt nur ein Klang von satter Pracht und würdigem Halbdunkel. Eines aber vergißt man nicht wieder, das sind die Chorstühle dieser merkwürdigen Kirche. Die sämtlichen Rückenfelder dieser Stühle, es sind mehrere Dutzend, sind von eingelegter Holzarbeit, Bild an Bild, nach Zeichnungen von Lorenzo Lotto und anderen von Bergamasker Künstlern geschnitten und zusammengefügt; es haben Großvater, Söhne, Enkel daran geschaffen, mehr als hundertfünfzig Jahre ist an diesen Feldern gearbeitet worden.

Es ist wahrlich nicht schade um diese Zeit und Mühe. Man kann nichts Beglückenderes sehen als diese treue, feine und aparte Kunst: die Hölzer braun, gelb, grün, weiß, honigfarben, alle vom selben Duft und Altersgold, in satten warmen Tönen leise leuchtend, den Augen ein laues wohliges Bad. Da verstößt Abraham die Hagar und spricht Salomo sein Urteil, David spielt vor Saul die Harfe und erschlägt den Riesen, Judith tritt aus des Holofernes Zelt, Könige und Patriarchen wandeln und handeln in Zelten und Tempeln oder in schönen Landschaften mit ausdrucksvollen sehnsüchtigen Bäumen und felsigen Gebirgszügen. Da und dort ist eine Tafel von besonderem Glanz, eine feine zeichnerische Idee leuchtet beglückend auf, sonst aber sind diese vielen Bilder, an denen anderthalb Jahrhunderte gearbeitet worden ist, unentwegt vom selben Reiz der liebevollsten Arbeit, vom selben tiefsatten Ton, von derselben geduldigen Genauigkeit und klugen Anmut. Nur noch an mönchischen Miniaturen habe ich diese vornehme Einfalt wahrgenommen und diesen wohlig zum Ausmalen verlockenden Gedanken gehabt, es müssen stille, feine, geduldige Menschen gewesen sein, die da in unermüdlicher Kunst, vom Tage nichts wissend, sich in anmutigen Schilderungen sonnten und der eigenen Geschicklichkeit erfreuten. Man hat denselben Eindruck vor japanischen Holzarbeiten und chinesischen Stickereien.

Ich tat noch einen Blick in den Dom: Weiß und Gold und eine seltsam mit Nüchternheit vermählte Pracht.

Bergamo, Nordeingang der Basilika Santa Maria Maggiore und Grabkapelle des General Colleoni.

Dann folgte ich der Lockung eines Sonnenstrahls auf ein schräg ansteigendes Plätzchen, wo zwischen den Pflastersteinen dünnes, spitzes, lichtgrünes Gras wuchs, ein Riesenpalast dahinter [, dessen Portal weit offen stand, so daß ich hineintrat. Doch wurde ich sogleich von einem uniformierten Diener höflich zurückgewiesen, es sei Schule da drinnen, und als ich stillstand und lauschte, hörte ich von oben, aus den schönen großen Sälen her, das armselige, unsäglich langweilige und herzlose Buchstabieren und Syllabieren, das Hersagen und zögernd scheue Deklamieren vieler Schulklassen durcheinander tönen, wie aus einer Gruft, und erlebte dann wieder einmal einen der Augenblicke, in welchen man dankbar ist, kein Kind mehr zu sein.] Ich kam weiter zu einem verschwiegenen Winkelchen, das großartig den Namen Piazza Terzi führte. Die eine Seite des Plätzchens war von einer hohen Terrassenmauer gebildet, und die rohe schwere Mauer war entzückend von einer großen Nische unterbrochen, darin stand überlebensgroß eine schöne weibliche Figur in weicher Anmut, etwa eine Ceres, und über dem Ganzen als Abschluß eine kleine Ziergalerie und zu beiden Seiten zwei Putten mit Füllhorn und Garben. Entzückt blieb ich stehen, das war ein Stück bestes Italien, eine von den vielen kleinen Überraschungen und Reisefreuden, um derentwillen das Reisen sich lohnt. Und als ich mich umwandte, stand der Figur gegenüber ein Palastportal offen, unter einem hohen reinen Bogen sah man einen Hof mit Pflanzen und hängender Laterne, dahinter standen traumhaft eine elegante Balustrade und zwei große Statuen mit scharfem Umriß in der Luft und weckten mitten in dem engen Mauerwinkel die Ahnung der unendlichen Ferne und Weite des Luftraumes über der Poebene.

... die ungeheure Ebene Norditaliens, mächtig und ohne Ende wie ein Meer, die Nähen grün und leuchtend, die Ferne in hundert Tönen grau und bläulich und blau und blauer werdend, weiß getupft von tausend Städtchen, Dörfern, Klöstern, Weilern, Höfen, Türmen, Villen, in der Ferne tiefblau verschwimmend ohne Ende. Solche Sachen hat Turner gemalt, und so habe ich seit den Knabentagen mir Italien vorgestellt: Von Schneebergen und Felsstürzen abwärts in schönen Stufen mit Gärten und Landhäusern, reich und mannigfach und fruchtbar, und hinabwärts nach Süden die unendliche, grün und blaue, märchenhafte Ebene. Aber mit Augen gesehen hatte ich das niemals so schön und gewaltig wie hier ...

Ganz in der Ferne, schon vom blauen Luftmeer begrenzt, schien von einem Sonnenglanz gehoben ein kleines weißes Ding aus dem Dunst, unsäglich fern und wesenlos. Ungläubig schaute ich hin und strengte die Augen an; aber die Richtung stimmte, und es konnte dort kein anderer Bau von solcher Größe liegen; es war, ein lichter froher Punkt im Unendlichen, der weiße Dom von Mailand. [1913]

Tagebuchnotizen aus Mailand

25. 3. 1901

Mailand, Dom: dekorativer Eindruck enorm, das Innere [namentlich durch die Höhe] kolossal, auch das an den Marmorsäulen gebrochene Licht der bunten Fenster schön. Tantardinis Relief »Mariä Geburt« in den Linien edel, doch flach wirkend.

Santa Maria delle Grazie: Herrliche Kuppel von Bramante. Im Kreuzgang warme Sonne. Leonardos Abendmahl bei bestem Licht gesehen, besser erhalten als ich glaubte, besonders auch die schöne Landschaft des Hintergrundes. Das »Abendmahl« von zahlreichen, zum Teil instruktiven älteren und neuen Copien umgeben.

Um 12 Uhr Lunch im Hotel, dann Bummel und Besuch der Brera*; wo die Fresken von Luinï und eine Madonna von Crivelli nächst den Sposalizien besonders wirken.

Dann Bummel in den sehr belebten Straßen und Besteigung des Domdaches mit Führer. Großer Eindruck dieser Welt aus Marmor, Aussicht auf Stadt und Alpen. Dann Bummel und Eintritt in die Kirche S. Stefano (modern), Kaffee in einer Winkelkneipe. Abendessen in kleiner Trattoria (macheroni con sugo) [sehr billig], wo die ganze Familie nebst Katze dabeisaß und mein Italienisch belachte. Katzen in allen italienischen Wirtshäusern, oft schöne Tiere. [...]

Mailand hat ganz Großstadtcharakter, der Korso

* Ehemaliges Jesuitenkolleg mit Gemäldegalerie und Sternwarte.

elegant und belebt; die Galleria Vittorio Emanuele ist prachtvoll und hat schöne Läden. In allen Buchhandlungen lagen die beiden Novitäten von d'Annunzio aus (»Il morte di G. Verdi« und »Francesca da Rimini«).

18. 5. 1901

Um 9 Uhr ging ich in die Brera. Mich entzückten besonders P. Bordones Liebesbild, das den ganzen weichen Zauber der venezianischen Kunst hat. Im Saal daneben ein schöner Cima da Conegliano, eine Giovanni-Bellini-Madonna etwas steif und leer und ebendesselben archaisch ernste Pietà ... Ich hielt mich noch längere Zeit bei Crivelli auf, namentlich bei der wundervollen Madonna mit dem Früchtekranz und den Blumen.

Nun in das eigenartig hübsche Museo Poldi-Pezzolo! Die geschmackvoll reichen Zimmer mit schönen Kaminen, Böden und Decken sind köstlich. Eine schöne hl. Katharina von Borgognone, mehrere hübsche Bernardino Luini. Dann eine ganz reizende Konversation von Lorenzo Lotto, das berühmte Frauenporträt, Botticellis feine, zarte Madonna mit Buch, für mich ein letzter lieber Florentiner Gruß. Im Treppenhaus ein laufender Muschelbrunnen, hinter dem Hause schöner Garten.

Nach Tisch ging ich in den Dom, dessen Inneres mich immer wieder mit dem mir fast unsympathischen Mailand versöhnt. Ich bestieg das Dach und blickte abschiednehmend noch einmal auf den großen Marmorgarten herab.

Die Fassade des Mailänder Domes.

2. 4. 1903

In Mailand bestiegen wir trotz aller Ermüdung das Domdach und belustigten uns an dem tollen Figurenvolk des protzigen Marmorgartens. Fast eine Stunde lagen wir in der Abendsonne auf dem Dach und hatten im Plaudern manche skurrile Idee, z. B. die Vorstellung: die zuoberst auf der Chorturmspitze stehende Figur wird je und je in den Himmel entrückt und sämtliche übrige Heilige rücken, je nach der Rangordnung, je um einen Platz vor, jeder mit einem weiten gierigen Satz die Fiale des Vorgängers erreichend und jeder jaloux auf alle vor ihm Kommenden usw. . . .

Ankunft in Cremona

Der Regen singt, die Ebene liegt voll Nacht,
In hohen Bäumen rauscht es naß und kühl,
Zart tropfen Glockentöne vom Gestühl
Und schlafen ein, vom Regen leis verlacht.

Durch frohe Gassen bei Laternenschein
Zieh ich gelassen in die fremde Stadt,
Gewölbe dunkeln, Fenster schimmern matt,
Friedvolle Bürger sitzen still beim Wein.

Ein Bogengang hallt auf von meinem Tritt,
Und eine Treppe leitet mich gemach
In ein Gewölb', an Säulen hin, und schwach
Läuft überm feuchten Stein mein Schatten mit.

Weit öffnet nun die Halle ihren Schacht,
Erschrocken halt ich: riesig Bau an Bau
Ragt Dom, Turm und Palast, darüber blau
Und schweigsam brütet ungeheure Nacht.

Und kaum erschaut, ist alles wie bekannt
Und klingt beseligt dem erstaunten Blick
Wohllaut und rein entgegen wie Musik,
Hell wie ein Lied aus Paradiesesland.

Erträumt von Menschen einer andern Zeit
Steht Dom, Turm und Palast voll Majestät
Und spricht zu mir, und aus den Säulen weht
Und aus den Bogen lächelt Ewigkeit.

Abend in Cremona

Wieder einmal fuhr ich von den Bergen her der italienischen Tiefebene entgegen, aus der Schneenähe in den blauschweren Dunst der Maisgegenden, aus der Klarheit überheller Berge und Täler in die stille, warme Unendlichkeit des grünen Po-Landes hinein. Mein Bergamasker Wirt, bei dem ich wieder einige ungewollte Bummeltage hängengeblieben war, hatte mir einen Zug nach Cremona ausfindig gemacht, in weniger als zwei Stunden sollte ich schon dort sein. Der Zug fuhr ab, von den Hügeln weg in die mächtige, hellgrüne Ebene hinein, unter gewaltigen Gewitterwolken hin. Alles ließ sich gut an, wir waren pünktlich abgefahren und reisten in einem fröhlich flotten Tempo. Nach einer halben Stunde waren wir schon in Treviglio, wo merkwürdig viele Leute ausstiegen. Ich blieb allein im Wagen und sah dem Getriebe mit der behaglichen Überlegenheit des Durchreisenden zu, da rief mich ein Schaffner an, auch ich müsse aussteigen. Und ich erfuhr, daß dieser Zug nicht weitergehe, und wenn ich nach Cremona wolle, so habe ich dreieinhalb Stunden Aufenthalt.

So trug ich denn meinen Koffer hinaus und gab ihn am Bahnhof ab. Ich war mißtrauisch gegen diesen Knotenpunkt, da ich früher einmal mit einer ähnlichen Haltestelle schlimme Erfahrungen gemacht hatte. Damals war ich in Fossato Vico ausgestiegen, in der Nähe von Foligno im Norden Umbriens, und hatte mir gedacht, an einem so wichtigen Punkte, wo selbst die Schnellzüge halten und warten müssen, liege gewiß

Der Domplatz von Cremona.

irgendeine gute, alte, wohlige Stadt, die nicht im Baedeker steht, und vielleicht gebe es ein kleines Rathaus mit etruskischen Sachen anzusehen. Es war aber kein Rathaus und überhaupt keine Stadt da, und ich mußte einen ganzen Nachmittag auf dem einsamen Bahnhof verbringen. Das fiel mir wieder ein, als ich nachdenklich von der Station weg gegen das Städtchen schlenderte, auf einer staubig sonnigen Straße an kleinen ärmlichen Neubauten hin, die wenig versprachen. Aber es gab wirklich ein Städtchen, und es war hübsch und still und verschlafen und hatte eine hübsche Martinskirche, in deren Vorhalle ein reizender heiliger Martin aus gotischen Zeiten an der Wand ritt, und im Ansichtskartenladen war eine alte Frau, die war in ihrer Jugend einmal ein paar Tage in Zürich gewesen, sie wußte noch drei schweizerdeutsche Worte und war närrisch vor Vergnügen, als ich sie verstand und beantwortete und über das seitherige Gedeihen von Zürich Auskunft gab.

Die erste Stunde war hingebracht, ich begab mich auf die stille Piazza, ließ mir ein Tischchen an die Sonne herausstellen und einen Kaffee geben und saß und rauchte und sah dem Leben einer winzigen ländlichen Kleinstadt zu. Es wurde jemand beerdigt, und Kinder mit weißen Schärpen trugen die Kerzen, dazu sang vom hohen Turme ein leichtverstimmtes altes Glockenspiel. Dann wurde es wieder still, bis ein durchreisendes Automobil auf der Piazza hielt. Das gab wieder Leben, Kinder drängten sich her und ließen, während der Chauffeur Benzin einfüllte, die dumpfe Hupe spielen. Und als auch das vorüber war, weckte mich ein neuer Kinderschwarm aus dem Halbschlummer, die Schule war aus, und die Jugend kam barfuß dahergestürmt, füllte den Platz mit heftigem Leben und turnte auf den Prellsteinen vor der Kirche. Wieder war eine gute Stunde vergangen, ich verließ das Café und suchte einen Weg nach dem Bahnhof zurück. Auf dem Sims eines Eckfensters standen vier vollblühende Hyazinthenstöcke in Topfscherben, ich sah hinauf und sah die Blumen an, die in der kellerig schattigen Gasse wächsern schimmerten, und hinter den Blumen saßen zwei junge Mädchen und nähten, und die eine war hübsch und tat, als sähe sie mich nicht. Als ich aber nach zehn Schritten wieder umkehrte und nochmals zu ihnen hinaufschaute, fing sie zu lachen an und begann ein drolliges Gespräch mit ihrer Schwester, mit kleinen Seitenblicken nach dem Fremdling und vielem Gelächter. Leider mußte ich gehen. Um ein Fenster voll Blumen und ein Mädchen dahinter, das eine Schwester bei sich hat, kann man nicht in Treviglio bleiben.

An der Station trank ich einen guten Wein und war mit Treviglio zufrieden, als der Zug kam und mit mir durch das von tiefhängenden Wolken verdüsterte Land gegen Süden fuhr. Durch den Räderlärm hindurch hörte man Donnerschläge, und bald brach ein schräger, klatschender Regen herab, dahinter blieb inmitten von Regen und Gewölk eine schmale bleiche Himmelsinsel in schüchternem Blau verheißungsvoll stehen. Als der Regen sich erschöpft hatte und still und leiser floß, drangen aus jenem bleichen Himmelsfenster je und je abendliche Lichter herein und verliefen sich in der unendlichen Ebene, deren rotbraune Ackererde nach Fruchtbarkeit duftete.

Es war beinahe Nacht, als ich in Cremona ankam, und es war ein weiter Weg unterm Regenschirm bis ans andere Ende der Stadt, wo mein Gasthof lag. Es war einer von denen, in welchen italienische kleine Geschäftsreisende und Priester vom Lande verkehren, und ich hatte ihn mir in Bergamo empfehlen lassen. Des weiten Weges überdrüssig, wäre ich ihm beinahe untreu geworden; aber naß war ich nun schon, und ich bereue nicht, daß ich aushielt. Der Gasthof bewährte sich, und als ich dort eine Gemüsesuppe und eine Forelle aus dem Gardasee genossen hatte, war ich so voll guter Reisestimmung, daß ich noch in der Nacht und trotz dem Regen ausging, um einen ersten neugierigen Blick in die Stadt zu tun.

Ich war nicht weit gegangen, da nahm mich ein ganz stilles, im Regen plätscherndes Plätzchen mit schönen Arkaden auf, ich schloß den Schirm und ging zufrieden unter den Bögen weiter, übersprang eine schmale Quergasse, erreichte in der Finsternis einige mächtige Steinstufen und kam erregt und voll Spannung in ein gewaltiges Gebäude, unter hohen Gewölben durch in einen Hof und jenseits in ein neues dunkles Gewölbe; mächtige Pfeiler spiegelten sich nach außen in einem neuen, regennassen Platz. Ich trat ins Freie, blickte verwundert auf und sah mit einem einzigen überraschten Blick den Domplatz vor mir liegen, ein außerordentlich schönes und kühnes architektonisches Bild. Übermächtig über der kleinen Piazza stieg die Fassade des Domes in bleicher Helligkeit empor, wunderbar abgewogen und in sich begnügt, über dem großen Portal undeutliches Skulpturenwerk und eine schöne, riesige Rosette, daneben leicht und elegant zwei edle

Reihen kleiner Rundbogen auf lieblich leichten, feinen Säulchen, und oben als Giebellinie zwei ungeheure, leere, kühne Voluten. Das alles trat gleichzeitig vors Auge, voll Musik und köstlicher Abgestimmtheit, und daneben sprang ein phantastisch hoher, unsäglich hoher Turm stolz und beinahe fürchterlich in die Höhe, oben mit kleinen grauen Säulengalerien in die Nacht verlaufend.

Im rinnenden Regen blieb ich stehen und sog den wunderbaren Anblick in mich ein, beglückt und erschüttert von der Größe und fast frechen Kühnheit dieser Bauten. Kein Zweifel, diese Riesenvoluten waren später entstanden als der Unterbau, sie waren in der Zeit der strotzendsten Renaissance mit spielerischer Kühnheit da oben hingesetzt worden, und obwohl sie aus einer anderen Zeit und aus einer völlig anderen Welt stammten als der alte romanische Bau, saßen sie doch mit einer Sicherheit da, als müsse es so sein. Und so war alles auf diesem märchenhaften Platze, alles erschien kühn, riesig und höchst abenteuerlich, und alles war dennoch schön, war voll Sinn und Maß, und der beinahe erschreckende erste Eindruck wurde sanfter und stiller und klang rein und froh in mir weiter, als alle Überrumpelung längst überwunden war. Wie schön würde es sein, morgen dies alles, und wer weiß wieviel ungesuchte andere Schönheiten dazu, in stiller Muße bei Tageslicht anzuschauen.

Daheim im Gasthofzimmer saß ich lange auf dem Bette, die reine Musik des Domplatzes klang in mir nach, dazwischen zeigten aufsteigende Erinnerungsbilder mir Bauten, Gärten, Menschen aus Bergamo, die weite ebene Landschaft der Bahnfahrt, den sonnigen

Steinplatz in Treviglio – was alles, vor Stunden erst gesehen, schon seltsam weit zurückzuliegen schien.

*

Und ich besann mich wieder einmal: was ist das nun eigentlich, was unsereinen auf Reisen treibt und gar auf Kunstreisen? Warum fahren wir Jahr um Jahr so viele hundert Meilen da- und dorthin, stehen dankbar und froh vor den Bauwerken und Bildern reicherer Zeiten, sehen neugierig und zufrieden dem Leben fremder Völker zu, die uns nichts angehen, plaudern in Eisenbahnzügen und auf Schiffen mit fremden Menschen und belauschen einsam das Straßengetriebe fremder Großstädte? Einst war mir das als eine Art von Lernbegier und Bildungsdrang erschienen, damals hatte ich mir Notizhefte voll über Freskenwände alter Kirchen geschrieben und mein am Essen abgespartes Geld für Photographien alter Skulpturen ausgegeben. Dann wieder war ich dessen müde geworden und hatte das Reisen in ärmeren Ländern vorgezogen, wo Landschaft und fremdes Volkstum allein mich interessierten, und da war mir dieser rätselhafte Reisetrieb als eine Art Abenteuerlust erschienen. Es sind jedoch, genau genommen, keine Abenteuer, die man auf Reisen erlebt, es sei denn, daß man fehlgefahrene Koffer, gestohlene Mäntel, Zimmer mit Schlangen und Betten mit Moskitos schon als Abenteuer ansähe. Nein, das war auch nicht das Richtige. Heute, wo von Bildungsdurst kaum ein verblaßter Rest mehr in mir verblieben ist, wo ich mir nichts daraus mache, ganze Städte und Kirchen und große Museen vorbeibummelnd liegenzulassen, während ich doch, was ich von dergleichen Dingen finde und sehe, intensiver und zarter als jemals genieße – heute, wo auch der Glaube an die Abenteuerlichkeit des Reisens mir verlorengegangen ist, gehe ich dennoch nicht seltener und mit nicht kleinerem Drang und Bedürfnis auf Reisen als vor fünfzehn oder zehn oder fünf Jahren.

Mir scheint, das Unterwegssein auf Reisen ersetzt unsereinem nicht nur im allgemeinen ein Stück Leben, das wir, intellektueller geworden, blasser erleben, es ersetzt uns speziell jene Betätigung des rein ästhetischen Triebes, der unseren Völkern beinahe ganz abhanden gekommen ist, den die Griechen und die Deutschen und die Italiener der großen Zeiten hatten und den man überall noch in Asien findet, etwa in Japan, wo kluge und keineswegs kindische Menschen es verstehen, am Betrachten eines Holzschnitts, eines Baums oder Felsens, eines Gartens, einer einzelnen Blume die Übung, Reife und Kennerschaft eines Sinnes zu genießen, der bei uns selten und schwach ausgebildet erscheint. Das reine Schauen, das von keinem Zwecksuchen und Wollen getrübte Beobachten, die in sich selbst begnügte Übung von Auge, Ohr, Nase, Tastsinn, das ist ein Paradies, nach dem die Feineren unter uns tiefes Heimweh haben, und beim Reisen ist es, wo wir dem am besten und reinsten nachzugehen vermögen. Die Konzentration, die der ästhetisch Geübte jederzeit sollte hervorrufen können, glückt uns Ärmeren wenigstens in diesen Tagen und Stunden der Losgebundenheit, wo keine Sorge, kein Geschäft aus der Heimat und dem Alltag uns nachlaufen kann. In dieser Reisestimmung vermögen wir, was wir daheim selten

Cremona, Palazzo del Comune.

vermögen, stille, zwecklose, dankbare Stunden vor ein paar herrlichen Bildern hinzubringen, hingerissen und offen den Wohlklang edler Bauwerke zu vernehmen, innig und genießerisch den Linien einer Landschaft nachzugehen. Da wird uns zum Bilde, was uns sonst nur im trüben Netz unsres Wollens, unsrer Beziehungen, unsrer Wünsche und Sorgen erscheint: das Leben der Gasse und des Marktes, das Spiel der Sonne und der Schatten auf Wasser und Erde, die Form einer Baumkrone, Schrei und Bewegung eines Tieres, Gang und Betragen der Menschen. Und wer auf Reisen geht, ohne im Innern das zu suchen, diese Befreiung vom Zweckleben, der kommt leer zurück und hat höchstens seinen Bildungssack etwas belastet.

Aber hat dieser ästhetische Trieb zum reinen Sehen, zum selbstlosen Aufnehmen nicht doch eine weitere, höhere Beziehung? Ist er nur Sehnsucht nach dunklem Lustgefühl? Ist er nur rächende und mahnende Pein vernachlässigter Kräfte und Bedürfnisse, versteckter Hunger, versteckte Erotik, versteckter Ärger, versteckte Schwäche? Warum gibt mir, trotz allem, dennoch der Anblick eines Mantegna mehr als der einer schönen Eidechse, warum ist mir eine Stunde in einer von Giotto oder Signorelli ausgemalten Kapelle letzten Grundes doch mehr als eine, die ich am Meeresstrande verliege?

Nein, im Grunde ist es doch überall das Menschliche, was wir suchen und wonach uns dürstet. Ich genieße an einem schönen Berge nicht die zufällige Wirklichkeit, ich bestätige mich selbst, ich genieße die Fähigkeit des Sehens, des Linienfühlens, ich laufe in einer schönen fremden Landschaft keineswegs der

Kultur davon, sondern übe und liebe und genieße lauter Kultur, indem ich meine Sinne und Gedanken an der Landschaft erprobe. Darum kehre ich auch immer wieder dankbar und willig zu den Künsten zurück, darum gewährt mir ein kühner Bau, eine schön bemalte Wand, eine gute Musik, eine wertvolle Zeichnung schließlich doch mehr Genuß, mehr Befriedigung dunklen Suchens, als das Beobachten der ungemeisterten Natur. Ich glaube, das, worauf jener ästhetische Trieb hinausgeht, ist gar nicht etwa ein Loskommen von uns selbst, sondern nur ein Loskommen von unseren schlechteren Instinkten und Gewohnheiten und eine Bestätigung des Besten in uns, eine Bestätigung unseres heimlichen Glaubens an den Menschengeist. Denn wie ein wohliges Bad im Meere, ein frohes Ballspiel, eine tapfere Schneewanderung mein leibliches Ich bestätigt, ihm in seinen besten Gelüsten und Ahnungen recht gibt und durch Wohlbefinden auf sein Verlangen antwortet, so antwortet beim reinen Schauen der große Schatz menschlicher Kultur, geistiger Leistung auf unsern fordernden Glauben an die Menschheit überhaupt. Was soll mir die Freude an Tizian, wenn seine Bilder mir nicht Ahnungen wahr machen, Triebe bestätigen, Träume rechtfertigen?

So, scheint mir, reisen wir und schauen und erleben die Fremde im tiefsten Grunde als Sucher nach dem Ideal des Menschentums. Darin bestätigt uns und bestärkt uns eine Figur von Michelangelo, eine Musik von Mozart, ein toskanischer Dom oder griechischer Tempel, und diese Bestärkung und Rechtfertigung unseres Verlangens nach einem Sinn, einer tiefen Einheit, einer Unsterblichkeit der menschlichen Kultur ist es, was wir auf Reisen besonders innig genießen, auch wenn wir nicht daran denken.

Lange saß ich noch und dachte nach, und die Gedanken flossen mit den Erinnerungen an hundert Reisen, seit der frühesten Jugend, zusammen, und es wurde mir klar: wieviel auch die Zeit wegnimmt, wie sehr man altern, ermüden, schwächer werden mag, jenes Erlebnis, das der Sinn unsres Reisedranges ist, wird nie ganz seinen Glanz verlieren, und wenn ich in zehn und zwanzig Jahren mit anderen Ansichten, anderen Erfahrungen, anderem Lebensgefühl als heute durch die Welt reisen werde, so wird es schließlich doch wohl im selben Sinne geschehen wie heute, und es wird mir, über alle Verschiedenheit und reizvolle Gegensätzlichkeit der Länder und Völker hinweg, immer mehr und immer klarer der einheitliche Sinn alles Menschentums entgegentreten. [1913]

Genua, Stadtansicht mit Hafen.

Tagebuchnotizen aus Genua

29. 3. 1901

Morgens 8 Uhr ab nach Genua. Fahrt nicht so langweilig wie man sagt: Reisfelder, Wiesen, Moor, alles Ebene, Birken, Weiden und Pappeln. Von Voghera an östlich die Berge, der schöne Monte Penna tief im Schnee . . .

Vor Genua die ersten Schlüsselblumen, doch auch Schnee. Wetter gut. Bei Ronco beginnen die Genueser Berge von gelbem Gestein, mit blaugrünem Fluß, sehr malerisch. Schöne Sonne und klarster Himmel. In Ronco glänzt ein weißes Kirchlein mit farbigem Sankt Martin vorbei . . . Gang durch die farbige Stadt und einstündige Barkenfahrt mit zwei eisgrauen Ruderern durch den Hafen (zwei Molen und Leuchttürme). Besuch des Palazzo Durazzo, sehr prächtig, schöner Hof und Marmortreppenhaus. Innen eine Masse meist schöner van Dyck, »Silen« von Rubens, auch ein köstlicher kleiner Dürer. Im Garten Orangen (erfroren!) am Baum; »Magdalena« von Tizian (?), eine Menge Porträts, herrliche Leuchter und Vasen, »Ceres« von Tizian. Besonders lieb ein kleiner Lucas van Leyden. Bummel durch die Gassen lustig und bunt, ein paar hübsche Frauen, enge Gassen, Laden an Laden, Lärm, Matrosen, Blumenbuden . . .

Genua gab mir das erste echt italienische Bild: Sonne, helle weiße Häuser, blaugrünes Meer schillernd, bunt gekleidetes Volk, Bettler und Bummler auf den Treppen der Häuser und Kirchen. Dazu der Hafen mit Schiffen aller Länder. [Nahe beim Leuchtturm ein

Spielplatz, wo Arbeiter sehr gewandt und eifrig Boccia spielen.] Abends fünf Uhr Gang (beim Leuchtturm) ans Meer, das schneeweiß am Molo Nuovo brandete. [Dieser erste Anblick des Meeres ging mir wie ein Traum vorbei, sitzt mir aber fest im Gedächtnis als unbestimmt großartiger, andächtig ernster Eindruck.]

30. 3. 1901

Tramfahrt nach Staglieno, wo in schöner Landschaft der riesige, pompös angelegte Camposanto liegt. Schöner Tempel mit innen hübsch kassettierter Kuppel krönt die mittlere Hauptgalerie. Umgebung prächtig. Unzählige, sehr pomphafte Grabdenkmäler, enorme Massen von Marmor. Allegorie und Geschmacklosigkeit feiern hier im Bund mit einer geradezu elementaren Naivität wahre Orgien. Rückfahrt in die Stadt. Dort Besuch des Palazzo Rosso, wo ein Porträt von Tintoretto und zwei Historien von Paris Bordone mir auffallen.

Bei Spezia

In großen Takten singt das Meer,
Der schwüle Westwind heult und lacht,
Sturmwolken jagen schwarz und schwer;
Man sieht sie nicht, es ist zu nacht.

Mir aber scheint: so tot und bang,
So ohne Trost und Sternegold
Durch schwüle Nacht und Sturmgesang
Sei auch mein Leben hingerollt.

Und doch ist keine Nacht so schwer
Und so voll Dunkels keine Fahrt,
Der nicht vom nahen Morgen her
Des Lichtes süße Ahnung ward.

Kastell bei Livorno.

Meermittag

Das ist so süß wie Traum und Tod:
Von Glut und Stille müd und schwer
Zu ruhn in einem Fischerboot
Im herben Duft von Salz und Teer.
Der kurzen Pfeife Wolkenspiel
Folgt lang das Auge ohne Ziel,
Bis es gebannt und müde ruht
In blauer Mittagssonnenglut.
Da segeln hoch in stetem Ziehn
Die weißen, losen Wolken hin,
Fernher mit kaum gehörtem Pfiff
Gibt Kunde seiner Fahrt ein Schiff.

Die Flut in träumerischem Spiel
Verlecht mit dumpfem Laut am Kiel;
Das schlaffe Segel feiert leer,
Die Netzeschnur schleift hinterher.
Und alles, was dich sonst bewegt,
Und alles, was in Glück und Weh
Dir irgendwann das Herz erregt,
Ruht tief und schlummert in der See.
Dein Herz, so wild es sonst gebrannt,
Wird wieder still, wird wieder Kind
Und ruht wie Sonne, Meer und Wind
In Gottes Hand.

Tagebuchnotiz aus Livorno

19. 1. 1901

In Livorno ging ich sofort zum Hafen, wo ich mich zwei Stunden Barke führen ließ. Die Fahrt auf dem abendklaren Meer war köstlich. Ich ging den molo nuovo zu Fuße ab: Das Meer mit vielen Segeln, die Küste und die Inseln (darunter Elba) waren herrlich schön. Ich schöpfte mit der Hand einen Schluck Salzwasser. Am Strande fand der Bootsmann eine Menge austernartige Muscheln, deren frischen Inhalt nebst Meerwasser ich mit Appetit verzehrte – frutta di mare. Dann bestieg ich den Leuchtturm. Von da sah ich nochmals Korsika, Elba etc., sowie durchs Fernrohr sehr schön den Dom von Pisa, ohne die Stadt, von Bäumen eingerahmt. Nun Bummel in der buntbelebten Hafenstadt. Glänzender Reflex eines frisch mit Zinnober gestrichenen Schiffes im Meer. Vesper in einer Trattoria nahe der Bahn. [In der Stadt hat ein Café den Namen »Amico Fritz«.] Auf der Rückfahrt erst wundervolles Abendglühen, namentlich in den Kanälen, dann schöner Sternhimmel.

Hafen von Livorno

Nach einem Bild, das ich vor Jahren sah,
Verläßt mich eine milde Sehnsucht nie.
Es ist mir oft in Träumen fern und nah
Wie eines Jugendwanderliedes
Vergeßne traumbekannte Melodie.

Die Sonne sank und war voll müder Glut,
Der fernen Inselberge Linie schwand
In Duft und Himmel. Und die schwere Flut
Des Meeres schlug in wunderlichen Takten
An meines dunklen Fischerbootes Rand.

Ein gelbes Dreiecksegel flammte schwer
Am Molo auf. Ein sattes Leuchten glitt
Mit jäher Schönheit übers goldne Meer
Und nahm die letzten roten Strahlen
Ins violette Reich des Abends mit.

Odysseus

Bei Livorno

Das fernste Schiff, das abendlich besonnt
Mit schwarzen Masten fährt am Horizont,
Das meinen Blick mit starkem Zauber hält
Am Rande einer unsichtbaren Welt.

– Mir träumt, sein Steuer läge in der Hand
Des göttlichen Odysseus, der sein Land
Durch aller Meere schreckenvolle Flucht
Mit namenlosem Heimweh liebt und sucht,
Der nächtelang, unbeugsam dem Geschick,
Des Himmels Sterne mißt mit scharfem Blick,
Der hundertmal verschlagen und bedroht
Sich sehnt und weiterkämpft durch Angst und Tod
In sturmverfolgter hoffnungsloser Fahrt
Ziel und Vollendung ungebeugt erharrt.

Das ferne Schiff entgleitet meinem Blick
In dunkelblaue Meere; sein Geschick
Füllt meinen Traum und läßt ins Blaue ziehen
Mit leiser Frage seine Phantasien.
Ist dort, wohin das Schiff des Dulders fährt,
Ist dort das Glück, nach dem mein Wunsch begehrt?
– Vielleicht! – Und welches Schiff führt mich ihm zu?
– Einstweilen irre, Herz, und dulde du!

Der Dom und Campanile von Pisa.

In Pisa

Aus dem Reisetagebuch

19. 4. 1901

Halb 12 Uhr Ankunft in Pisa und Besteigung des famosen, leider schiefen Kampanile mit Blick auf Stadt, Berge und Meer. Ich aß ein paar Eier mit Wein, das Wetter blieb klar und warm, ein Prachtstag. Vom Zug aus sah ich Zypressen, deren Gipfel für die Perspektive die Höhe des fernen Gebirgs hatten und beim Fahren die Höhenlinie wie Finger abfühlen. Nach Tisch zum Dom. Das Ensemble von Dom, Kampanile, Baptisterium, Campo Santo ist etwas ganz Einziges, abseits der Stadt eine kleine stille Welt edelster Kunst, die auch die Schiefe des Turms nur wenig stört. Die Domfassade ist imponierend edel. Die alte Erztüre ist ein strenges, solides Werk, neben dem die zwei späteren Türen miserabel aussehen. Das Innere des Doms ist ein Wunder in Konstruktion und Dekoration, alles von fast antiker Klarheit. Prächtiges Chorgestühl, geschnitzt und eingelegt. Mosaik von Cimabue, Bilder von Andrea del Sarto. Im Dom ersucht ein Plakat, man möge nicht auf den Boden spucken »aus Respekt vor dem Haus Gottes und wegen der Hygiene«! Vor dem Dom saß ein hübsches Mädchen und frisierte sich vor einem Scherben Spiegelglas. Der Campo Santo ist ein sehr ernster, würdiger Raum, mit dem Gozzolis lustig unterhaltende Fresken eigen kontrastieren. Der »Triumph des Todes« ist von größter Wirkung und übertraf meine Vorstellung weit. Besuch des Baptisteriums mit der schönen Kanzel des Pisano, deren drei säulentragende Löwen mir besonders imponieren. Schönes Echo. Am Arno das zierliche gotische Kirchlein S. Maria della Spina. Die Stadt scheint wohlhabend, ist recht sauber und auffallend still. Nur auf *einer* Straße fand ich Leben, wo einige Männer Schlagball spielten und die ganze Gasse zusah.

Vom Zauber einer alten, untergegangenen Kunst

Der Triumph des Todes

Vor dem hübschen, ruhigen Städtchen Pisa liegt abseits und von grünen friedlichen Wiesen eingeschlossen eine stille, ernste, marmorne Welt, einsam und vom Zauber einer alten, untergegangenen Kunst übergossen. Das ist jene berühmte Pisaner Gruppe heiliger Gebäude, des Baptisteriums, des Domes, des Campanile und des Campo Santo, sämtlich aus jener uns seltsam anziehenden Zeit stammend, in welcher aus der Dantesken Kultur des endenden Mittelalters heraus die ersten überraschenden Keime einer neuen Kunst und eines neuen Lebens erstanden.

Wer aus den Straßen der wenig belebten Stadt heraustretend zum erstenmal von diesem einzigartigen Anblick überrascht wird, der bleibt mit Herzklopfen vor dieser adlig schönen Gruppe stehen. Kein Haus, kein Bild oder Klang modernen Lebens stört den Eindruck, abgeschlossen und in der ganzen Reinheit von ehemals liegt diese kleine Welt im Grünen, deren späteste Teile sechs Jahrhunderte alt sind. Wen hier nicht ein Gefühl von Ehrfurcht und heiligem Schauer überwältigt, der ist vergebens nach Italien gekommen; er wird keinen zweiten Ort finden, wo ein Stück des alten Italien sich so großartig rein und edel erhalten hat.

Nach dem Erwachen aus dem ersten ehrfürchtigen Staunen wendet sich unwillkürlich die erste Neugierde dem Campanile, dem berühmten schiefen Turme, zu. Auch mir ging es so, und vom ersten Augenblick an

Ausschnitt aus dem Fresko »Triumph des Todes«.
Pisa, Camposanto.

war es mir rätselhaft, daß viele der Ansicht sind, dieser Turm sei mit Absicht schief angelegt worden. Denn wenn die beiden schiefen Türme von Bologna den erstrebten Eindruck des apart Bizarren wirklich machen, so kann man den Pisaner Turm nur mit tiefem Bedauern über seine schiefe Neigung betrachten, welche den einzigen Mißklang in einer vielleicht nirgends sonst so großartig vorhandenen vornehmen Harmonie gibt.

Nachdem ich den wundervollen Turm betrachtet und erstiegen, den Dom mit der glänzenden Fassade und den Bildern des Andrea del Sarto, sowie das Baptisterium mit der streng schönen, reliefgeschmückten Kanzel des Giovanni Pisano besucht hatte, wandte ich mich zu dem wenige Schritte entfernten Campo Santo, in dessen Innern ich einen Eindruck besonderer Art auf mich warten wußte.

Der Campo Santo ist ein rechteckiger, grüner Platz, von nach innen offenen Hallen umgeben, deren Wände die berühmten Fresken bedecken. Der ganze Raum ist totenstill, abgelegen und feierlich und hat die Stimmung der Weltferne und des nachdenklichen Ernstes. Die Steinböden der Hallen sind aus Grabplatten zusammengesetzt, auf denen eine wichtige Sammlung antiker und mittelalterlicher Plastik aufgestellt ist. Ich hatte das Glück, der einzige Besucher zu sein; nichts störte meine stille Betrachtung, kein Laut als der meiner eigenen Schritte traf mein Ohr. Ich besah die bunte Reihe der Fresken, fand bei den Skulpturen einige höchst anziehende etruskische Stücke und ließ dann mein Auge auf dem grün bewachsenen Hofe ausruhen, um dann das Hauptbild, den Triumph des Todes, würdig zu betrachten. Während dieses Ausruhens in der vollkommenen Stille war meine Phantasie mit dem Bilde der Zeit beschäftigt, in welcher diese Wände erbaut und bemalt wurden, die durch die Vermittlung der englischen Präraffaëliten wieder einen so enormen Einfluß auf die Kunst der letzten Jahrzehnte geübt haben. Bei allem Reiz hatte das historische Phantasieren an diesem Ort der Vergangenheit und des Todes etwas Traurigmachendes; ich riß mich los und stellte mich nun dem »Triumph des Todes« gegenüber auf.

Die schwermütige Mystik des scheidenden Mittelalters redet aus diesem gewaltigen Bilde, das heute noch, beschädigt und antiquiert, die Schatten der Trauer und Todesgedanken auf die Seele des Beschauers legt. Links ist das fromme Leben der Einsiedler dargestellt, für welche der Tod keine Schrecken hat; der eine ruht an einen Baum gelehnt, ein anderer liest gebückt in einem Buche, ein dritter melkt eine Hirschkuh. Rechts sehen wir die Seligen im Paradiese sitzen, unter laubigen Fruchtbäumen, in tiefem Frieden, bei Gespräch und Lautenspiel. Die Mitte aber schildert in drei Hauptgruppen den Triumph des Todes, der nach Willkür grausam über die Menschen herrscht. Da reitet eine vornehme, reichgekleidete Jagdgesellschaft, auf schönen Rossen, von Hunden umbellt. Plötzlich begegnen die Vordersten des fröhlichen Zuges drei offenen Gräbern, in welchen Leichname in den verschiedenen Stadien der Verwesung sichtbar werden. Ein obenan reitender schöner Jüngling erbleicht und zeigt den Nachfolgenden stumm mit ausgestrecktem Finger das Schrecknis, die Dame zu seiner Rechten blickt scheu und verstört hinüber. Und nun pflanzt sich der

Ausschnitt aus dem Fresko »Triumph des Todes«.
Pisa, Camposanto.

Schauer des Todesschreckens durch die glänzende große Reihe fort, ein Hündlein nähert sich angstvoll winselnd den Gräbern, eines der Pferde stiert mit vorgerecktem Halse scheu auf die Leichname. Die nächstfolgende Dame neigt in schmerzlicher Todesangst das schöne Haupt auf die Hand und kann nicht nochmals hinübersehen; der ganze Zug gerät in ängstliches Stocken, nur die Hintersten, die noch nichts ahnen, blicken lebensfroh und übermütig uns aus dem Bilde an.

Nebenan folgt die ergreifendste Gruppe. Eine Schar von Armen und Bettlern steht und liegt am Wege. Sie alle sind elend, alt, krank und des Lebens müde; der eine ist blind, ein anderer lahm, andere vom Alter gekrümmt oder durch Unglück verstümmelt. Mit herzzerreißenden Gesten und Blicken flehen sie zum Tode, er möge sie erlösen, sie, die einzigen, welche gern zu sterben bereit sind.

Aber der Tod erhört sie nicht. Als grauenhafte Megäre mäht er mit riesiger Hippe seine Beute nieder, lauter Junge, Reiche, Schöne, Vornehme, die am Leben hingen. Sie liegen dicht in welken Haufen am Boden, Äbte, Nobili, Edeldamen und in der Blüte weggeraffte Jugend. Darüber in den Lüften streiten sich Engel und Teufel um die Seelen.

Das ist der *trionfo della morte*. Ich weiß kein Bild und keine Dichtung, aus denen so gewaltig düster die ewige Todesbotschaft spricht, es seien denn zwei oder drei jener fast trostlos herben Todesverse in den Psalmen, im Jesus Sirach und im Prediger Salomo.

[1901]

Florenz:
»Ars Florentiae Docet«

Die Stunde kam. Ich nahte mich Florenz.
Der schönen fremden Sprache Laut erklang,
Die Sonne streute Gold den Strom entlang,
Rings auf den Hügeln duftete der Lenz!

Ich weiß nicht, ob die Erde Schöneres hat –
Paläste streift bei jedem Schritt mein Blick,
Aus jedem Steine spricht ein groß Geschick,
Buntheit und Duft erfüllt die Blumenstadt.

Die Stunde kam. Es glänzt in warmem Licht
Tal, Strom und Stadt. Allein des Glückes Schimmer,
Der tröstet, heiligt und beglückt für immer,
Und den ich lange suchte, fand ich nicht.

Ostern in Florenz

Lo scoppio del carro

Am Ostersamstag jedes Jahres begehen die Florentiner eine eigentümliche Feier, den *scoppio del carro*, den »Wagenschuß«. Die Geschichte des uralten Brauches ist nicht in allen Punkten völlig klar – das Wichtigste sei hier kurz erzählt.

Im Kreuzzug des Gottfried von Bouillon war ein Pazzo aus dem berühmten Florentiner Patrizierhause der Pazzi der erste Mann, der den Fuß auf die Mauer von Jerusalem setzte. Ihm schenkte Gottfried, um seine Tapferkeit zu belohnen, später drei Steine vom Heiligen Grabe, welche Pazzo auf einem wundervollen Wagen im Triumph nach Florenz führte. Die Steine wurden in die Apostelkirche verbracht, da damals der Dom noch nicht stand, und aus diesen Steinen schlugen die Priester das Heilige Feuer für die geweihten Lampen der Kirchen und Privathäuser. Der Familie der Pazzi aber verblieb das Privilegium, auf jenem Wagen den Gläubigen die geweihte Flamme auszuteilen. Der Wagen wurde mit Fackeln und Kerzen besteckt, die am Hochaltar entzündet waren und bewegte sich feierlich durch die Stadt.

Dies die zugrunde liegende Legende. Der heute benützte Wagen soll der dritte Nachfolger des ursprünglichen sein. Die Feuerzeremonie aber hat sich im Lauf der Zeiten zu einer Art von kirchlichem Feuerwerk umgestaltet, das indessen noch immer eine praktische Bedeutung hat, freilich eine ganz andere als ehemals. Nach jetzigem Brauch wird der Carro, der mit

Blick auf die Kuppel des Florentiner Doms.

Feuerrädern, Schwärmern und anderem Feuerwerk reich garniert ist, auf dem Domplatz durch eine vom Hochaltar des Domes ausgehende Rakete entzündet. Die Rakete hat die Form einer Taube und gleitet einer Schnur entlang vom Altar durch das ganze Schiff des Domes und durch das Hauptportal ins Freie. Aus dem Flug dieses »Täubchens« nun schließen die Landleute festen Zutrauens auf die jeweils zu hoffende Ernte. Wehe dem Korn und Obst, wenn die Taube unterwegs im Fluge stockt und ihrem Lauf nachgeholfen werden muß! Kommt sie aber ohne Hemmung ans Ziel, so bricht das Landvolk in laute Rufe der Befriedigung aus, denn nun ist eine reiche Ernte sicher!

Der Ostersamstag dieses Jahres war so sonnig und klar, daß ich schon um zehn Uhr den Glockenturm des Domes erstieg und mir auf dem hohen Dachkranze einen bequemen Platz aussuchte. Ein prachtvoller Aufenthalt! Zunächst fesselt die Betrachtung des Domes, dessen Kuppel von hier aus einen architektonischen Anblick ersten Ranges bietet. Dann die zahllosen Türme, Zinnen und Kirchengiebel der Stadt. Neben dem trotzig schönen Turm des Palazzo Vecchio steht der breite, schlichte des Bargello und das schlanke, spitzige Türmchen der Badia. Nach links schließt Santa Croce und die Synagoge sich an. Dann jenseits des Arno die Porto San Niccolo, die Kirchen Santo Spirito, Carmine und Frediano, und weiterhin Santa Maria Novella, San Michele, San Lorenzo und die ganze glänzende Reihe der Kirchen, die das Auge mit Freude erkennt und begrüßt und neben welchen da und dort wie kleine Inseln die grünen Vierecke der Kreuzgänge auftauchen. Und hinter alledem auf beiden Seiten des glänzenden Flusses die grünen Hügel, die jetzt in der Obstblüte schimmern.

Auf dem Domplatze sammelte sich schon jetzt die Menge. Landleute kommen in zahlreichen Gruppen von allen Toren her, Bauern aus Settignano, aus Fiesole, aus San Domenico, aus Majano und weiter her. Der Carro stand zwischen Dom und Baptisterium, von zwei dichten Volksreihen umdrängt; der Dom selbst war schon voll von Menschen. Der Verkehr auf dem Domplatz war gesperrt. Wagen konnten schon um halb elf Uhr nicht mehr passieren. Von meiner Höhe aus war es anziehend zu beobachten, wie die Neugierde der ganzen großen Stadt aus den fernsten Straßen her gegen den Dom herandrang, bis der ganze Platz schwarz von Volk war. Aus der dunklen Menge leuchteten da und dort die Körbe der Orangenverkäufer, die Rufe der Traktatkrämer und Zeitungskolporteure drangen bis zu mir herauf.

Um elf Uhr bewegte sich ein farbig reicher Priesterzug aus dem Hauptportal des Domes und verschwand langsam ins Baptisterium. Kurz vor zwölf Uhr kehrte er ebenso feierlich in den Dom zurück. Die Volksmenge bedeckte nun dichtgedrängt den ganzen Platz und stand ringsum noch weit in den Nachbarstraßen, Fenster und Dächer waren dicht besetzt. Um zwölf Uhr fiel gleichzeitig mit dem mittäglichen Kanonenschuß das Geläute sämtlicher Türme betäubend ein. Die »Taube« flog vom Domaltar heraus, heil und ohne Stockung, zum lauten Jubel der Landleute. Und nun rauchte und flammte unter langdauerndem entsetzlichen Krachen das Feuerwerk des Wagens zusammen, vom Zuruf der Menge begleitet und den ganzen Domplatz mit Pulverdampf erfüllend. Als endlich das letzte noch flammende Feuerrad langsam und zuckend verglüht war, wurden dem Wagen vier prachtvolle, gewaltige weiße Ochsen mit rotem Lederzeug und vergoldeten Hörnern vorgespannt und in pomphaftem Zuge, vom Volk begleitet, abgeführt. In meiner Trattoria traf ich später einen der Bauern, der in froher Erntehoffnung sich den Luxus einer doppelten Portion delikater *maccheroncini ragutati* gönnte und dessen strahlend behäbiges Toskanergesicht die Freude über das schöne Fest und den glücklichen Taubenflug mit einem unbeschreiblichen Ausdruck schlauer Zufriedenheit schmückte. [1901]

Ein Opernabend

Aus dem Reisetagebuch

6. 4. 1901

Abends halb neun Uhr ging ich ... in ein größeres Theater, wo Verdis »Aida« gegeben wurde. Musik nicht dumm, stellenweise raffiniert schön, doch lärmig und ganz nur auf Effekt aus. Aufführung mit kolossalem italienischem Pathos, vom Publikum scharf kontrolliert und an Lieblingsstellen wütend applaudiert, mit Geheul belobt und da capo verlangt, ganz ohne Rücksicht auf das Stück, das einfach unterbrochen wird, um eine pathetische Stelle nochmals zu geben. Pausen sehr lang. Dekoration mäßig, Bühne groß, doch nicht tief, Orchester groß und gut. Auf den Galerien herrschte lebhafteste Teilnahme. Einzelne singen laut mit. Das Ganze, bis halb ein Uhr dauernd, war eine vorzügliche Gelegenheit, dieses Volk näher kennenzulernen, das bei einem sentimentalen Tremolo Tränen vergießt und im selben Augenblick über ein kleines szenisches Versehen jubelnd lacht. Diese Leute sind, wenn sie nicht gerade Geschäfte machen, von einer Naivität und Sicherheit des Sichgebens, dabei von einer natürlichen Lebensart und Beweglichkeit, neben der wir Nordländer Marionetten sind.

Blick vom Campanile des Florentiner Doms auf die Stadt und San Miniato.

Wenn ich an Florenz denke ...

Wer in fremden Landschaften und Städten nicht lediglich dem Berühmten, Auffallendsten nachgeht, sondern Verlangen trägt, das Eigentliche, Tiefere zu verstehen und mit Liebe zu erfassen, in dessen Erinnerung werden meistens Zufälligkeiten, Kleinigkeiten einen besonderen Glanz haben. Wenn ich an Florenz denke, sehe ich als erstes Bild nicht den Dom oder den alten Palast der Signorie, sondern den kleinen Goldfischteich im Giardino Boboli, wo ich an meinem ersten Florentiner Nachmittag ein Gespräch mit einigen Frauen und ihren Kindern hatte, zum erstenmal die Florentiner Sprache vernahm und die mir aus so viel Büchern vertraute Stadt zum erstenmal als etwas Wirkliches und Lebendes empfand, mit dem ich reden und das ich mit Händen fassen konnte. Der Dom und der alte Palast und alles Berühmte von Florenz ist mir darum nicht entgangen; ich glaube es besser erlebt und mir herzlicher zu eigen gemacht zu haben, als viele fleißige Baedekertouristen, es wächst mir aus lauter kleinen, nebensächlichen Erlebnissen sicher und einheitlich heraus, und wenn ich ein paar schöne Bilder der Uffizien vergaß, so habe ich dafür die Erinnerung an Abende, die ich mit der Hauswirtin in der Küche, und an Nächte, die ich mit Burschen und Männern in kleinen Weinschenken verplauderte, und an den gesprächigen Vorstadtschneider, der mir unter seiner Haustüre die zerrissenen Hosen auf dem Leibe flickte und mir dazu feurige politische Reden, Opernmelodien und fidele Volksliedchen zum besten gab. [1904]

Il Giardino di Boboli

So sehr ich bemüht war, die Zeit meines Florentiner Aufenthaltes fleißig auszukaufen, bereue ich es doch nicht, einige halbe Nachmittage im Boboli-Garten verbummelt und verträumt zu haben. Vom Besuch mancher wichtigen Kirche, ja von ganzen, flüchtig besuchten Städten nahm ich nur eine vage, konturlose Erinnerung mit, die Stunden im Boboli-Garten aber hoffe ich nie zu vergessen.

Wer den Garten richtig genießen will, darf ihn nicht an den Sonntagnachmittagen aufsuchen, wo die Wege und Bänke von Besuchern wimmeln. Man muß ihn sehen, wenn er in grünem Schweigen liegt, am besten in der heißen Stille einer Mittagsstunde. Dann vermag er einen Begriff zu geben von jenen italienischen Fürstengärten, die man erst in Rom sucht und die jeder aus den träumerischen Versen Eichendorffs kennt, von jenen klassischen Gärten, wo tiefschattige Wege sich durch hohe immergrüne Gebüsche winden, wo kühle Brunnen und weiße Statuen aus dunkeln Hainen blicken. Wer den Boboli-Garten in solch einer stillen, sonnigen Stunde allein besucht, dessen Phantasie kann nicht widerstehen, die Wege und Rasenplätze mit lustwandelnden oder ballspielenden adligen Jünglingen in der Tracht des 16. Jahrhunderts, die Bänke mit konversierenden Gentildonne und adligen Liebespaaren zu bevölkern.

Dort lag ich manchmal rücklings auf einer Bank oder im Grase, von den großblumigen, bunten Anemonen und Narzissen umgeben, und folgte mit gedankenlosen Blicken den weißen Frühlingswolken, die hoch über den schwarzen Zypressenwipfeln am reinen Himmel wanderten. Ich dachte mir den ersten Besitzer des Gartens hier wandeln, den Herzog Cosimo I., oder die Künstler, die seine Anlage besorgten, den Tribolo und den famosen liebenswürdigen Giovanni da Bologna; und ich schämte mich nicht, mich einem leicht zu verspottenden, dennoch eigenartig beglückenden Rausch von Schönheit und Vergangenheit hinzugeben. Dann ging ich überall umher, die malerischen Durchblicke aufzusuchen, an denen der große Garten reich ist. Man kann von einer glücklichen Stelle aus den Dom und Kampanile in einem Rahmen von Lorbeer und Zypressen erblicken, oder, über die dunkelgrünen Gebüsche auftauchend, das in der Sonne glänzende Fiesole, fern und friedlich wie ein Traumbild, vom klaren Himmel überwölbt.

Mich berührte, wenn ich vom Meere absehe, dort zum erstenmal der Zauber des Südens. Es ist wahr, unsere süddeutschen und schweizerischen Waldgebirge sind unendlich viel reicher, grüner, üppiger, und der Frühling kommt bei uns mit vollerer und süßerer Luft – ich empfand das bei meiner Rückkehr in den lieben Schwarzwald wohl. Dennoch zog mich die südliche Landschaft mächtig an: Kahle, mit reinem Umriß in den Himmel stehende Berge, graugrüne Abhänge, von Oliven- und Obstgärten bedeckt, dazwischen an den Hügel gelehnt die hellen Landhäuser, denen selten eine Gruppe schwarzer schlanker Zypressen fehlt, das alles gehoben durch die klare, höchst durchsichtige Luft und die kräftige Sonne. In Florenz kommt dazu der schöne, gewundene Fluß und die blumenreichen,

Blick aus dem Boboli-Garten auf den Palazzo Veccio und den Dom.

prachtvollen Frühlingswiesen des Tales, die schimmernd weiße Blüte der Birnen und die zartrote, ganze Hänge schmückende der Aprikosen. Wenn das heutige Florentiner Leben mit dem der toskanischen Glanzzeit wenig Gemeinsames mehr hat, so kann man doch heute noch jene lieblichen, zarten Landschaften, die von Ghirlandajo bis in die Jugendwerke des Raffael so unzählig vorkommen, in Toskana wiederfinden.

Wenn ich vom Giardino Boboli rede, darf ich den Fontänenteich mit den Goldfischen nicht vergessen, der mich manche Stunde lang ergötzt hat. Mit Ausnahme eines Schweizer Malers fand ich freilich in Florenz niemand, der sich mit mir für diese Goldfische begeistert hätte. Ich hatte eine besondere Freude an den behenden Fischen, die in großen Scharen den Teich erfüllen. Unter ihnen fand ich eine Menge jener Prachtexemplare, auf deren Rücken von der Rückenflosse bis zum Schwanze ein Streif echten, fast blendenden Goldes glänzt. Ich sah ihn am schönsten an jungen Exemplaren. Es ist ein köstlicher Anblick, wenn ein Schwarm der zinnoberrot und golden leuchtenden Tiere durch das hellgrüne Wasser über weiße Spiegelwolken wegschwimmt, durch das außergewöhnliche Farbenspiel sowohl wie durch den Reichtum an raschen, eleganten, mühelosen Bewegungen entzückend. In mancher Stadt sah ich berühmte Paläste, deren Anblick mich nicht halb so frisch und kräftig erfreute, und ich lachte über die Menge der Reisenden, die in ängstlicher Eile von Stadt zu Stadt gewissenhaft dem Baedeker folgen und für einen harmlosen Spaziergang, für den Eintritt in eine unbekannte Kapelle, für lustige Straßengespräche oder auch für Goldfischteiche absolut keine Viertelstunde übrig haben. Mir wurden jene lebhaften, schönen Fische allmählich ein Hauptzweig des berühmten Gartens. Ich sah und lernte an ihnen soviel Erfreuliches wie in mancher Galerie. Reizend ist es z. B., wenn in dem besonnten Wasser ein gewöhnlicher, grauer Fisch sich den Rotgoldenen nähert und von ihnen schimmernde Reflexfarben erhält, und ganz köstlich ist es, einen ganz dichten Schwarm einer Brotkugel oder einem Steinchen nach plötzlich in die Tiefe tauchen zu sehen, wobei die urplötzliche heftige Verkürzung so vieler Körper komisch überrascht.

Wenn ich nicht wüßte, daß dergleichen in italienischen Reisebriefen niemand sucht und liebt, so könnte ich eine Reihe ähnlicher Schilderungen anfügen, namentlich über Vögel, dann über Eidechsen, deren ich im Boboli eine Menge traf und deren kluge, elastische, dem wohlwollenden Menschen zugeneigte Art mich oft erheiterte. Ich war freilich nicht nach Florenz gereist, um dort mit Eidechsen zu spielen, aber sollte ich es abweisen, wenn eine harmlos frohe Stunde nur sie vor's Auge brachte? Ich gestehe, daß ich nächst dem Genuß der Kunstwerke ersten Ranges von nichts so viel Freude hatte und an nichts so gerne zurückdenke, wie an die naiven Unterhaltungen mit Wolken, Bäumen, Kindern und Tieren. Darf ich sagen, daß ich während derartiger Allotrien zuweilen das Bewußtsein hatte, von genußreichen Reisen mehr zu verstehen als die große Mehrzahl der mit Baedeker und Rundreisebillet dahineilenden Italienfahrer? [1901]

Der Dom (Santa Maria del Fiore)

25. 4. 1901

Ich will diesen Vormittag dem Dom widmen, den ich täglich mehr bewundere. Nach einigem Aufenthalt im Schiff erstieg ich die innere Kuppelgalerie. Hier hat man ein ungeheures architektonisches Bild: die Kuppel durch Weite und Höhe gleich imponierend, tief unten Chor und Mittelschiff mit dem schönen Mosaikboden; die Menschen unten winzig aus der Vogelperspektive. Beim Austritt auf die äußere Galerie plötzlich weiter Blick über die sonnige Stadt mit Kirchen, Palästen und grüner Umgebung. Technisch interessant der weitere Aufstieg in der Riesenkuppel. Am Fuß der Laterne ist man schon höher als der Kampanile. Da heute die Luft sehr klar ist, ist der Aufenthalt hier oben herrlich. Das neue Grün und die Fliederblüte zwischen den immergrünen Zypressen, Pinien etc. ist reizend. Die Höhe der Kuppel imponiert am meisten, wenn man auf die schon gewaltig hohe innere Galerie von ganz oben (innen) nochmals hoch hinabsieht. Unten ist Messdienst und singt eine Menge Priester. Die riesigen Fresken der Kuppel sind total wirkungslos.

Der Campanile

6. 4. 1901

Um 10 Uhr bestieg ich den Campanile, wo sich ein ganz einziger Blick über Florenz auftut. Besonders schön ist die Übersicht über den Dom selbst, dessen

Florenz, die Piazza della Signoria
mit dem Palazzo Veccio.

Anlage und geniale Kuppel, ein unschätzbarer architektonischer Blick. Dann die vielen Kirchen, Türme, Tore, Plätze, Paläste der Stadt. Vom obersten Dache sieht der Domplatz winzig und das Baptisterium wie ein Schächtelchen aus. Die vielen Menschen wimmeln unten wie Punkte. Mit Ausnahme des Domkuppelkreuzes und der Turmspitze des Palazzo Vecchio ist dies hier der höchste Punkt der Stadt.

Ich lege mich lang auf das warme Dach, lasse mich von der Sonne verbrennen und habe Stadt, Hügel und Arno glänzend unter mir.

Der Palazzo Vecchio

5. 4. 1901

Wir gehen in den Palazzo Vecchio, dessen großer Saal einige wichtigere Antiken und große (späte) minderwertige Fresken und Decken hat, dazu einige schöne Tapeten. Der Saal hat große Verhältnisse und sucht in den Seitenwänden die schiefe Parallelogrammform zu vertuschen.

14. 4. 1901

Aufenthalt im Hof des Palazzo Vecchio, der mich immer wieder anzieht, mit dem köstlichen Fischbübchen von Verrocchio. [Auffallend ist, wie *Rubens* hier abfällt. Allerdings brachte ich ein starkes Vorurteil gegen ihn schon mit. Neben den alten Toskanern macht er einen geradezu gemeinen Eindruck.]*

* Zusätze in eckigen Klammern: nachträglich von Hesse an den Rand des Tagebuches notierte Bemerkungen.

Die Kirche Orsanmichele

12. 4. 1901

Kurzer Aufenthalt in Orsanmichele; dort das prächtig reiche Tabernakel mit feiner Madonna auf Goldgrund, beides von Orcagna. Das Tabernakel, reich an Ornament und Reliefs, ist ein Prunkstück ersten Rangs, aus Marmor mit Gold und Edelsteinen. Nun nach San Lorenzo. Zuerst Eintritt hinten. Hier die von der großen Kuppel überwölbte Fürstenkapelle, von schönen Raumverhältnissen, namentlich schön die große Kuppel, die mit bunten, mittelmäßigen Fresken bemalt ist. Die Dekoration zu reich, bunt und unruhig. Enthält die Grabmäler der fürstlichen Medici, zum Teil mit schönen Wappen in wertvollem Mosaik. Die kleine Medicikapelle (sagrestia nuova), ebenfalls mit (kleinerer) Kuppel, hat wundervolle Verhältnisse; Kuppel weiß, einfachst kassettiert. Der Pensieroso ist schön; die andern weltberühmten Michelangeloskulpturen, namentlich die »Nacht«, sind technisch großartig und von genialer Kraft, aber mir unsympathisch. – In der Kirche selbst ist vor den Chorstufen das Grab des großen Cosimo, einfachst, nur Inschrift. Kanzelreliefs aus Donatellos Schule. In einer Seitenkapelle lieblich schöne »Verkündigung« von Fra Filippo. In der alten Sakristei ein Perugino (?), edle Ornamente (Reliefmedaillen) von Donatello, schöne Erztüren. Neben der Kirche reizend heimeliger Kreuzgang mit verwildertem Grasgarten und unregelmäßigen Fensterchen. Hinterer dreiseitiger Kreuzgang (bescheidenst) umschließt ein unsichtbares Gärtchen, über dessen Mauern eine Fülle von Aprikosen- und Birnenblüten herausragt. Nahe in der Via Ginori mehrere schöne

Palazzi. Um die Ecke der Palazzo Riccardi, einer der größten und schönsten, mit gutem Säulenhof. Famos die Blicke durch einzelne Türen und Palasthöfe in lorbeergrüne Gärten.

Die Kirche Santa Trinità

9. 4. 1901

Besuch der Trinità, sehr alte Kirche in der Via Tornabuoni, worin eine Holzstatue der Magdalene und eine herrliche Kapelle mit Fresken von Ghirlandajo, um die Sarkophagnischen hübsches Relief, Altarbild derselben Kapelle scheint moderne Kopie von Ghirlandajos »Anbetung« in der Akademie, in prächtigem Rahmen. Links in einer Kapelle ein unbenanntes Altarbild (thronende Madonna mit Heiligen) auf Goldgrund, mit köstlich naiver Predelle.

Die Uffizien

1. 4. 1901

Erst die untern Säle mit Malerporträts, darunter [den] mir liebgewordenen Filippino Lippi, Rembrandt, Tizian, Schiavone. Dort ist auch das große Selbstporträt von Rubens, schneidig, flott und glänzend. Dann Velázquez. Moderne, die mich fesselten: Herkomer, Watts, Millais. Oben Korridor die Antiken.

Nun erster Saal oben: herrlich der große Van der Goes, leuchtend schön und naiv. Daneben eine süße Madonna von Botticelli. Desselben Pastell »Anbetung der Weisen« äußerst dramatisch bewegt, das unmögliche Gestein schadet sehr. Sehr ähnlich, doch kompak-

Ärztliches Urteilen und Handeln

Zur Grundlegung einer medizinischen Ethik
Herausgegeben von Ludger Honnefelder und Günther Rager
Etwa 368 Seiten. Gebunden
ca. DM 39,80/öS 311,–/sFr. 40.80
(April 94)

Ein Grundlagen- und Nachschlageband zum Verhältnis von Medizin/Arzt und Ethik/Moral, theoretisch fundiert und zugleich praxisorientiert; für Ärzte und Studenten ebenso wie für Patienten, die ihr Verhältnis zu Krankheit und Gesundheit, zum Arzt als Partner reflektieren.

David B. Morris
Geschichte des Schmerzes

Aus dem Amerikanischen von Ursula Gräfe
Etwa 464 Seiten. Gebunden
ca. DM 48,–/öS 375,–/sFr. 48.–
(April 94)

Schmerz war und ist nicht immer ein rein medizinisches Phänomen. Er ist integraler Bestandteil des denkenden und fühlenden Menschen. Schmerz muß nach Morris zu etwas werden, mit dem wir und durch das wir lernen, uns selbst zu überdenken.

Die Geheimnisse der Gesundheit

Medizin zwischen Heilkunde und Heiltechnik
Herausgegeben von Peter Kemper
Etwa 360 Seiten. Kartoniert
ca. DM 38,–/öS 297,–/sFr. 39.–
(April 94)

Ein wachsendes Unbehagen artikuliert sich heute an der Medizin als einer sogenannten Reparaturmedizin. Mediziner, Historiker und Publizisten beschreiben hier die lebendige Gegenwart vergangener Auffassungen von Krankheit und Gesundheit und geben damit auf aktuelle Probleme neue Antworten.

Georg Bollenbeck
Bildung und Kultur

Glanz und Elend eines deutschen Deutungsmusters
Etwa 424 Seiten. Gebunden
ca. DM 68,–/öS 531,–/sFr. 68.–
(April 94)

Die Gefährdungen und Isolationen, die Krisen und Katastrophen, in die Deutschland geriet, werden anhand der Begriffe »Bildung« und »Kultur« und ihrer historischen Deutungen nachgezeichnet. Georg Bollenbeck beschreibt den »deutschen Sonderweg« im Vergleich zu den europäischen Nachbarn.

Michael Kohtes
Nachtleben

Topographie des Lasters
Mit Abbildungen
Etwa 200 Seiten. Gebunden
ca. DM 36,–/öS 281,–/sFr. 37.–
(April 94)

Michael Kohtes lädt ein zu einer rasanten Reise durch die Nacht der Städte und entwirft dabei zugleich eine Kulturgeschichte der Boheme, des Widerstands gegen die Zwänge der Zivilisation und des Alltags.

Modernes Mittelalter

Neue Bilder einer populären Epoche
Herausgegeben von Joachim Heinzle
Etwa 524 Seiten. Leinen
ca. DM 68,–/öS 531,–/sFr. 68.–
(April 94)

Das Interesse am Mittelalter – seiner Gesellschaft, seiner Kunst, seiner Literatur – ist ungebrochen. Der Band versammelt eine Reihe exemplarischer Studien von Historikern, Literaturwissenschaftlern und Kunsthistorikern aus unterschiedlichen Perspektiven, die sich in der Zusammenschau zu einem neuen Bild der populären »Epoche« fügen.

Die grossen Frankfurter

Herausgegeben von Hans Sarkowicz
288 Seiten. Leinen
DM 38,–/öS 297,–/sFr. 39.–

Zum zwölfhundertjährigen Stadtjubiläum erscheint der Band *Die großen Frankfurter*. Berühmte Frankfurter und Frankfurterinnen, gesehen von bekannten Zeitgenossen.

Insel-Bücherei

Alpenblumen im Frühling
In Holz geschnitten und koloriert
von Josef Weisz
Insel-Bücherei Nr. 1142
ca. DM 18,80/öS 147,–/sFr. 19.80

Das Leben Buddhas
Ein chinesisches Holzschnittfragment
Insel-Bücherei Nr. 870
ca. DM 18,80/öS 147,–/sFr. 19.80

Die Holzschnitte zu
Sebastian Brants
›Narrenschiff‹
Insel-Bücherei Nr. 593
ca. DM 19,80/öS 155,–/sFr. 20.80

Eugène Delacroix
Das Jugendtagebuch 1822–1824
Insel-Bücherei Nr. 1143
ca. DM 19,80/öS 155,–/sFr. 20.80

Johann Wolfgang Goethe
Die Tafeln zur Farbenlehre
und deren Erklärungen
Insel-Bücherei Nr. 1140
ca. DM 18,80/öS 147,–/sFr. 19.80

Wilhelm Müller
Die schöne Müllerin
Insel-Bücherei Nr. 1141
ca. DM 14,80/öS 116,–/sFr. 15.80

Mitteilungen für Freunde
der Insel-Bücherei
Heft 9
ca. DM 12,–/öS 94,–/sFr. 13.–

INSEL

NEUE BÜCHER 1. HALBJAHR 1994

ROMANE · ERZÄHLUNGEN · GEDICHTE
JAPANISCHE BIBLIOTHEK
BIOGRAPHIEN · WELTLITERATUR
KULTUR UND GESCHICHTE
KOSMOLOGIE · KALENDER
INSEL-BÜCHEREI
INSEL TASCHENBÜCHER

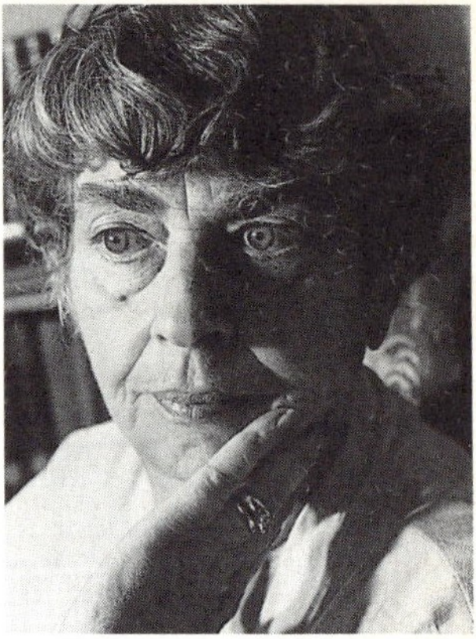

ANTONIA S. BYATT
MORPHO EUGENIA

Roman
Aus dem Englischen von Melanie Walz
Etwa 232 Seiten. Gebunden
ca. DM 38,–/öS 297,–/sFr. 39.–

Mit *Morpho Eugenia* knüpft Antonia S. Byatt an ihren großen Roman *Besessen* an. Von Leidenschaften und Forscherdrang, von Liebe und Verlust handelt der Roman. Wieder ist ihr ein Meisterwerk gelungen: spannend und anregend, tiefgründig und von einer enormen sinnlichen Präsenz.

MARIE LUISE KASCHNITZ
GUSTAVE COURBET

Lebensroman eines Malers
Etwa 168 Seiten. Leinen
ca. DM 39,80/öS 311,–/sFr. 40.80

Gustave Courbet (1819–1877) war Wegbereiter und größter Repräsentant des malerischen Realismus. Vor fünfzig Jahren hat Marie Luise Kaschnitz den Versuch unternommen, in einer romanhaften, aber historisch exakten Biographie den Weg einer wachsenden, reifenden Künstlerpersönlichkeit mitreißend zu schildern.

ELIZABETH VON ARNIM
EINSAMER SOMMER

Roman
Aus dem Englischen von
Leonore Schwartz
Etwa 152 Seiten. Leinen
ca. DM 29,80/öS 233,–/sFr. 30.80

Einmal einen Sommer lang allein sein, ohne Gäste – wie herrlich erscheint Elizabeth diese Vorstellung. Nur die Leser und Leserinnen werden eingeladen, mit ihr durch ihren farbenprächtigen und blühenden Garten zu bummeln.

Jehoschua Kenaz
Auf dem Weg zu den Katzen

Roman
Aus dem Hebräischen von Jakob Hessing
360 Seiten. Gebunden
ca. DM 48,–/öS 375,–/sFr. 48.–

»Eines der besten hebräischen Bücher, das ich in den letzten Jahren gelesen habe. ... Die Beschreibung von Jolanda und der anderen Charaktere, des Altenheims und der Tel Aviver Wohnung – all das ergibt zusammen ein seltenes Meisterwerk. Das Buch ist wundervoll.« *Amos Oz*

Israil Metter
Die fünfte Ecke

Roman
Aus dem Russischen von
Schamma Schahadat
198 Seiten. Gebunden
ca. DM 38,–/öS 297,–/sFr. 39.–

Die fünfte Ecke ist eine Liebesgeschichte aus dem stalinistischen Rußland. Erst durch die Perestroika konnte der Roman in der hier vorliegenden Fassung erscheinen.

Chris Wilson
Joey Blueglass

Roman
Aus dem Englischen von Klaus Pemsel
272 Seiten. Gebunden
ca. DM 38,–/öS 297,–/sFr. 39.–

Joey Blueglass – die fiktive Geschichte eines jugendlichen Betrügers im 19. Jahrhundert, der über eine außergewöhnliche Fähigkeit verfügt: Er kann nicht vergessen. »Manche Männer können sich nicht daran erinnern, wo sie eben noch ihre Frau oder ihren Regenschirm gelassen haben. Ich dagegen kann nicht vergessen. Mein Verstand ist ein anstandsloser Allesfresser.« Ein literarischer Slapstick, der den Leser in Atem hält. Ständig wird er mit neuen Überraschungen und Absurditäten konfrontiert.

FRANZISKA NIETZSCHE
EINE BIOGRAPHIE
Von Klaus Goch
it 1623. ca. DM 18,80/öS 147,–/ sFr. 19.80 (Oktober 94)

FRIEDRICH NIETZSCHE: GEDICHTE
it 1622. ca. DM 12,80/öS 100,–/ sFr. 13.80 (Oktober 94)

WILHELM MÜLLER
DIE WINTERREISE
it 901. ca. DM 14,80/öS 116,–/ sFr. 15.80 (Oktober 94)

INSEL TASCHEN-HEINE
WERKE IN VIER BÄNDEN
it 1628. ca. DM 68,–/öS 531,–/ sFr. 68.– (Oktober 94)

Liebeserklärungen
16 klassische insel taschenbücher

(Mai 94)

JANE AUSTEN: EMMA
it 1631. ca. DM 14,80/öS 116,–/ sFr. 15.80

BALZAC: EUGÉNIE GRANDET
it 1632. ca. DM 9,80/öS 77,–/ sFr. 10.80

EMILY BRONTË: DIE STURMHÖHE
it 1633. ca. DM 14,80/öS 116,–/ sFr. 15.80

DOSTOJEWSKI: DER SPIELER
it 1634. ca. DM 9,80/öS 77,–/ sFr. 10.80

DUMAS: DIE KAMELIENDAME
it 1635. ca. DM 12,80/öS 100,–/ sFr. 13.80

FLAUBERT: MADAME BOVARY
it 1636. ca. DM 12,80/öS 100,–/ sFr. 13.80

THEODOR FONTANE: EFFI BRIEST
it 1637. ca. DM 12,80/öS 100,–/ sFr. 13.80

JOHANN WOLFGANG GOETHE
DIE WAHLVERWANDTSCHAFTEN
it 1639. ca. DM 12,80/öS 100,–/ sFr. 13.80

FRIEDRICH NIETZSCHE
ALSO SPRACH ZARATHUSTRA
it 1638. ca. DM 12,80/öS 100,–/ sFr. 13.80

RILKE: MALTE LAURIDS BRIGGE
it 1640. ca. DM 10,80/öS 84,–/ sFr. 11.80

STENDHAL: ROT UND SCHWARZ
it 1642. ca. DM 18,80/öS 147,–/ sFr. 19.80

STORM: DER SCHIMMELREITER
it 1643. ca. DM 9,80/öS 77,–/ sFr. 10.80

TOLSTOJ: DIE KREUTZERSONATE
it 1644. ca. DM 8,80/öS 69,–/ sFr. 9.80

MARTIN WALSER: LIEBESERKLÄRUNGEN
it 1641. ca. DM 12,80/öS 100,–/ sFr. 13.80

OSCAR WILDE
DAS BILDNIS DES DORIAN GRAY
it 1645. ca. DM 10,80/öS 84,–/ sFr. 11.80

EMILE ZOLA: NANA
it 1646. ca. DM 14,80/öS 116,–/ sFr. 15.80

Für weitere Informationen und Prospekte wenden Sie sich an Ihren Buchhändler oder direkt an den Verlag.

Fotonachweis: Jerry Bauer (Chris Wilson), Barbara Klemm (Georg Hensel), Anita Schiffer-Fuchs (Antonia Byatt), Peter Zollna (Marie Luise Kaschnitz); weitere Nachweise über das Bildarchiv des Insel Verlags.
Insel Verlag Frankfurt am Main und Leipzig, Postfach 10 19 45, 60019 Frankfurt/M.
Preisänderungen vorbehalten. 1/94 (99603)

Georg Hensel
Glück gehabt

Szenen aus einem Leben
Etwa 292 Seiten. Leinen
DM 38,–/öS 297,–/sFr. 39.–

Bedrängend und erheiternd, bitter und humorvoll, in jedem Fall ganz unlarmoyant zeigen diese »Szenen aus einem Leben« eine bewegende persönliche Lebensgeschichte und ein Stück Zeitgeschichte Deutschlands.

Vergiss mich nicht
Erinnerungen von Sirkku Talja

Aus dem Französischen von A. Seemann
Etwa 144 Seiten. Leinen
ca. DM 32,–/öS 250,–/sFr. 33.–

Die Geschichte eines Mädchens, das mit vier Jahren von der Mutter ins Waisenhaus gebracht wird. Ein schockierendes und zugleich verzweifeltes Dokument, ein schönes Buch, das jenseits des grausamen Zeugnisses ein wahrer Roman über die Kindheit ist.

Was die Seele braucht
Erhart Kästner über Bücher und Autoren

Herausgegeben von Julia Freifrau Hiller von Gaertringen und Katrin Nitzschke
Mit elf Abbildungen
Etwa 240 Seiten. Leinen
ca. DM 48,–/öS 375,–/sFr. 48.–

Bestseller und Autoren der Nachkriegszeit stellt Erhart Kästner in diesem Buch vor, nicht als Literarhistoriker oder gar als Kunstrichter, sondern als Autor, der ebenso kritisch wie liebevoll zu lesen und Leseerlebnisse zu vermitteln versteht. Eine Verführung zum Lesen und Wiederlesen.

Geduld bringt Frieden
Mystische Losung für jeden Tag

Ein Kalender auf das Jahr 1995
Unter Mitwirkung von Freunden der Mystik zusammengestellt und herausgegeben von Wolfgang Böhme
Etwa 192 Seiten. Leinen
ca. DM 24,80/öS 194,–/sFr. 25.80
(Herbst 94)

Ein Kalender auf das Jahr 1995, eine mystische Losung für jeden Tag, mit Texten von Mechthild von Magdeburg, Hildegard von Bingen, Meister Eckhart, Johannes Tauler, Augustinus, Jakob Böhme, Bernhard von Clairvaux u. v. a.

insel taschenbücher

ERHART KÄSTNER · LEBEN UND WERK
Herausgegeben von Anita Kästner und Reingart Kästner
it 386. DM 19,80/öS 155,–/ sFr. 20.80

GRANDVILLE
DIE BESEELTEN BLUMEN
it 524. ca. DM 14,80/öS 116,–/ sFr. 15.80

ZEIT-MUSEUM DER 100 BILDER
Autoren und Künstler über ihr liebstes Kunstwerk
it 1213. DM 38,80/öS 303,–/ sFr. 39.80

SCHÖNE JUGEND
Eine literarische Spurensuche
it 1129. ca. DM 14,80/öS 116,–/ sFr. 15.80 (April 94)

ELIZABETH VON ARNIM: LIEBE
it 1591. ca. DM 16,80/öS 131,–/ sFr. 17.80 (Mai 94)

THEODOR FONTANE
UNWIEDERBRINGLICH
it 1593. ca. DM 16,80/öS 131,–/ sFr. 17.80 (Mai 94)

GWEN RAVERAT
EINE KINDHEIT IN CAMBRIDGE
it 1592. ca. DM 16,80/öS 131,–/ sFr. 17.80 (Mai 94)

SOMMERLIEBE
Zärtliche Geschichten
it 1596. ca. DM 12,80/öS 100,–/ sFr. 13.80 (Mai 94)

REISEN MIT MARK TWAIN
it 1594. ca. DM 14,80/öS 116,–/ sFr. 15.80 (Mai 94)

REISEN DURCH DEUTSCHLAND
Von Gustav Faber
it 1595. ca. DM 29,80/öS 233,–/ sFr. 30.80 (Mai 94)

RAINER MARIA RILKE
DAS FLORENZER TAGEBUCH
it 1597. ca. DM 12,80/öS 100,–/ sFr. 13.80 (Juni 94)

EVELYN SCOTT: AUF DER FLUCHT
it 1598. ca. DM 16,80/öS 131,–/ sFr. 17.80 (Juni 94)

KARL OTTO CONRADY
GOETHE WAS HERE
Parodien
it 1600. ca. DM 12,80/öS 100,–/ sFr. 13.80 (Juni 94)

HERMANN HESSE: LUFTREISEN
Berichte und Gedichte
it 1604. ca. DM 12,80/öS 100,–/ sFr. 13.80 (Juni 94)

MEINE KATZEN
Ein Brevier von Monica Huchel
it 1602. ca. DM 12,80/öS 100,–/ sFr. 13.80 (Juni 94)

DIE GROSSEN STÄDTE LATEINAMERIKAS
Von Walter Haubrich und Eva Karnofsky
it 1601. ca. DM 19,80/öS 155,–/ sFr. 20.80 (Juni 94)

CLEMENS BRENTANO
DIE ZAUBERWAFFEN DER POESIE
Hg. von Hans Magnus Enzensberger
it 557. ca. DM 18,80/öS 147,–/ sFr. 19.80 (Juli 94)

GLEN BAXTER
DIE BILLARDTISCH-MORDE
it 1607. ca. DM 16,80/öS 131,–/ sFr. 17.80 (Juli 94)

MARIE LUISE KASCHNITZ
LIEBE BEGINNT
it 1603. ca. DM 12,80/öS 100,–/ sFr. 13.80 (Juli 94)

WIE WAR NOCH DER NAME?
Frankfurter Rätsel von S. Oehrlein
it 1606. ca. DM 10,80/öS 84,–/ sFr. 11.80 (Juli 94)

ROBERT LOUIS STEVENSON/ LLOYD OSBOURNE
DIE FALSCHE KISTE
it 1605. ca. DM 18,80/öS 147,–/ sFr. 19.80 (Juli 94)

RUSSISCHE MÄRCHEN
it 1608. ca. DM 16,80/öS 131,–/ sFr. 17.80 (Juli 94)

»Matrosen sind der Liebe Schwingen«
Homosexuelle Poesie
Herausgegeben von Joachim Campe
it 1599. ca. DM 16,80/öS 131,–/ sFr. 17.80 (Juli 94)

Johann Wolfgang Goethe
Maximen und Reflexionen
it 200. ca. DM 18,80/öS 147,–/ sFr. 19.80 (August 94)

Herder-Lesebuch
it 1609. ca. DM 16,80/öS 131,–/ sFr. 17.80 (August 94)

James Joyce
Die Katze und der Teufel
it 1610. ca. DM 12,80/öS 100,–/ sFr. 13.80 (August 94)

Goethes Ehe in Briefen
it 1625. ca. DM 29,80/öS 233,–/ sFr. 30.80 (August 94)

Henry Moore: Liegende
Eine Kunst-Monographie von Christa Lichtenstern
it 1612. ca. DM 19,80/öS 155,–/ sFr. 20.80 (August 94)

Architektur der 50er Jahre
Das Gerling-Konzern-Gebäude in Köln
Eine Kunst-Monographie von H. Kier
it 1617. ca. DM 19,80/öS 155,–/ sFr. 20.80 (August 94)

Gabriele Münter
Wassily Kandinsky
Biographie eines Paares
Von Gisela Kleine
it 1611. ca. DM 29,80/öS 233,–/ sFr. 30.80 (August 94)

Liebe und Eros
Zusammengestellt von B. Kytzler
it 1613. ca. DM 16,80/öS 131,–/ sFr. 17.80 (August 94)

Jane Austen
Verstand und Gefühl
it 1615. ca. DM 19,80/öS 155,–/ sFr. 20.80 (September 94)

Jane Austen
Leben und Werk
Von Angelika Beck
it 1620. ca. DM 18,80/öS 147,–/ sFr. 19.80 (September 94)

François Rabelais
Gargantua und Pantagruel
it 77. ca. DM 29,80/öS 233,–/ sFr. 30.80 (September 94)

Sophokles: Elektra
it 1616. ca. DM 14,80/öS 116,–/ sFr. 15.80 (September 94)

Hermann Hesse
Lebenszeiten
Ein Brevier, ediert von Siegfried Unseld
it 2343. ca. DM 16,80/öS 131,–/ sFr. 17.80. Großdruck (September 94)

Mein buntes Adressbuch
it 1619. ca. DM 12,80/öS 100,–/ sFr. 13.80 (September 94)

Der sehr nützliche Geburtstags-Kalender
it 1618. ca. DM 12,80/öS 100,–/ sFr. 13.80 (September 94)

Die Romane der Schwestern Brontë
Sieben Bände in Kassette
it 1614. ca. DM 98,–/öS 765,–/ sFr. 98.– (September 94)

Jahreszeiten
Insel-Kalender 1995
it 1627. ca. DM 12,80/öS 100,–/ sFr. 13.80 (Oktober 94)

Dieter Kühn
Tristan und Isolde des Gottfried von Strassburg
it 1621. ca. DM 24,80/öS 194,–/ sFr. 25.80 (Oktober 94)

Das Papageienbuch Tuti Nameh
it 1624. ca. DM 14,80/öS 116,–/ sFr. 15.80 (Oktober 94)

Georg Büchner
Leben und Werk
Von Reinhard Pabst
it 1626. ca. DM 19,80/öS 155,–/ sFr. 20.80 (Oktober 94)

Ōoka Shōhei
Feuer im Grasland

Roman
Aus dem Japanischen von
G. S. Dombrady und Oscar Benl
Mit einem Nachwort von
Irmela Hijiya-Kirschnereit
Etwa 198 Seiten. Leinen
ca. DM 39,80/öS 311,–/sFr. 40.80

Der wohl bedeutendste japanische Kriegsroman. Ein kranker japanischer Soldat wird von seiner Kompanie verstoßen und muß sich, dem Hungertod nahe, allein durchschlagen.

Die vertauschten Geschwister

Ein höfischer Roman aus dem
12. Jahrhundert
Aus dem Japanischen von Michael Stein
270 Seiten. Leinen
ca. DM 39,80/öS 311,–/sFr. 40.80

Ein höfischer Roman des 12. Jahrhunderts. Ein Knabe benimmt sich wie ein Mädchen, seine Schwester wie ein Junge, und der adlige Vater läßt zu, daß sie mit vertauschten Rollen heranwachsen.

Ishikawa Takuboku
Trauriges Spielzeug

Gedichte und Prosa
Ausgewählt, aus dem Japanischen
übertragen und mit einem Nachwort
versehen von Wolfgang Schamoni
179 Seiten. Leinen
ca. DM 39,80/öS 311,–/sFr. 40.80

Ishikawa Takuboku (1886–1912) gilt als Dichter der Alltagsgefühle, er war aber zugleich der schärfste Beobachter und Kritiker seiner Zeit, und beides ist in seinen besten Texten untrennbar verbunden. Der vorliegende Band stellt sein umfangreiches Werk vor.

Ueda Akinari
Erzählungen beim Frühlingsregen

Aus dem Japanischen übertragen
und mit einem Nachwort versehen von
Wolfgang E. Schlecht. In neuer Ausstattung. 218 Seiten. Leinen
ca. DM 39,80/öS 311,–/sFr. 40.80

Ueda Akinari (1734–1809) gilt als Meister der japanischen Prosa-Literatur. Die *Erzählungen beim Frühlingsregen* besitzen einen ganz besonderen Reiz. Lebensweisheit, Ironie, ein Blick für die Schwächen seiner Zeitgenossen, nie aber der erhobene Zeigefinger bestimmen den Erzählstil des Dichters in seiner späten Schaffensperiode.

Mori Ōgai
Im Umbau

Gesammelte Erzählungen
Herausgegeben und aus dem Japanischen
übertragen von Wolfgang Schamoni
In neuer Ausstattung. 228 Seiten. Leinen
ca. DM 39,80/öS 311,–/sFr. 40.80

Mit diesem Band wird einer der bedeutendsten Intellektuellen des modernen Japan vorgestellt. Wie kein anderer moderner Schriftsteller in Japan hat Mori Ōgai (1862–1922) Europa »erfahren«. Wichtige Werke entstanden im Dialog mit deutscher Literatur und europäischer Geisteswelt.

ter dieselbe Darstellung von Filippino Lippi, dessen große daneben hängende Madonna aber enttäuscht. Besonders frisch wirkt der naive Ghirlandajo. [Wenn man die Uffizien verläßt, empfiehlt es sich, erst in den Loggien zu warten, bis die Augen das Licht und Leben der Straßen wieder ertragen, da man sonst auf der rastlos belebten Piazza Signoria mit Sicherheit überfahren wird, was mir zweimal ums Haar passierte.]

... Dann Dom und Ghibertitür des Baptisteriums. Der Dom mit Turm ist überwältigend großartig, auch namentlich die Farben. Spaziergang auf beiden Seiten des Arno mit Brücken.

2. 4. 1901

Zunächst verweilte ich wieder lang vor der großen Anbetung von Van der Goes, die mich sehr anzieht. Die Landschaft des rechten Seitenbildes (Flügels) ist merkwürdig frühlinghaft herb-süß. Dann der Botticellisaal mit Magnificat, Verkündigung, Fortezza etc., im selben Raum schöne Lorenzo di Credi und eine sehr buntlustige Anbetung des Ghirlandajo, dessen naives Frohsein neben Botticelli sehr hervorsticht. [Das Magnificat übertrifft die daneben hängenden andern Botticelli weit, es ist von einem Schmelz und Glanz der Farben wie kein anderer Botticelli. Es müßte aber ein eigenes Zimmer haben.] Das Magnificat enttäuscht auch die gesteigertste Erwartung nicht. Im kleinen Toskaner Saal einige schöne Porträts von Unbekannten (die besten frühern Porträts der Uffizien sind immer vom »Ignoto«), Botticellis Calumnia und ein winziger reizender Beato Angelico. [Botticellis Venus Anadyamene, die in den Uffizien sein soll, fand ich bis jetzt noch immer nicht.] In der Tribuna wird alles, auch

Tizian, durch Raffaels Stieglitzmadonna verdunkelt – das Bild wiegt alles auf, was ich je sah, und lohnt allein die Reise; daneben sehen die hiesigen Tizianfrauenköpfe fast gemein aus. Lieb ward mir in der Tribuna auch Peruginos Madonna. [Die Tribuna, als Ganzes betrachtet, enttäuscht; es sind minderwertige Sachen dabei, dazu hängt das meiste schlecht und ist der Raum zu eng. Für den Schleifer und die Ringer ist es schade, daß sie dort im Gedränge stehen. Michelangelos Heilige Familie in der Tribuna ist wohl technisch virtuos, aber entbehrt aller Stimmung und ist farbig unbedeutend.]

3. 4. 1901

Wieder Uffizien. Zunächst Saal des Hermaphroditen: Juno, sterbender Alexander, mächtiger schöner Fauntorso, Reliefs. Dann Niobesaal. Säle der Handzeichnungen: schöne von Raffael, Filippo Lippi, Andrea del Sarto, Michelangelo (Cleopatra!), die von Botticelli fand ich nicht. Sala del Baroccio, mit Baroccis großer Madonna del Popolo, Snyders' Eberjagd, Van Dyck etc. nicht von Wichtigkeit. Ich besah nun unten im Verbindungsgang die Kupfer (Abendmahl, Marc Antonio!). Große prächtige Kupfer von Audran, Edelinck, J. Callot, Ponzio, Radierungen von Rembrandt: Kreuzabnahme, Landschaften, Selbst- und andere Porträts, 100 Guldenblatt, ecce homo, Löwenjagden. [Diese schöne Sammlung Rembrandt'scher Werke war das einzige Niederländische, was neben den Italienern mir stark zu imponieren vermochte.]

Am Fenster dort Blick auf den Arno. Der Arno grün und wasserreich, ziemlich wie der Basler Rhein, der Ponte Vecchio mit den alten kleinen Häusern und

Juwelierläden sehr malerisch. Die Sammlung der Rembrandtschen Blätter macht mir großen Eindruck. Ich kenne nun die ganze Ausdehnung der Uffizien und kann mich zurechtfinden und einrichten. Eigentlich würden sie allein für vier Wochen Arbeit geben. Dann noch ½ Stunde zum Magnificat, zur Stieglitzmadonna, in der Tribuna bewundere ich auch wieder die herrliche Ringergruppe (9. Jahrhundert). [Daß die »Fornarina« der Tribuna nicht von Raffael, sondern von Sebastiano ist, leuchtet auf den ersten Blick ein. Natürlich bezeichnet das offizielle Schild sie als Raffaello.] Vor dem Gehen besuchte ich noch die zwei Rembrandtporträts unten.

10. 4. 1901

Vom [Palazzo] Pitti ging ich in die Uffizien. Der Verbindungsgang hat außer seiner Bequemlichkeit den großen Vorteil, daß man die Bilder der einen Galerie bis zur andern frisch im Blick behalten kann, was beim Gang durch die Straßen unmöglich ist. Auch bietet er einige aparte Arnoveduten. In den Uffizien findet sich jenes *Gartenmauermotiv* namentlich zweimal bei Baldovinetti (Verkündigung und Madonna, im I. Korridor), bei Botticelli (Madonna, ebenda), bei Ghirlandajo, im Saal des Monaco, wo ich heute endlich auch die Geburt der Venus von Botticelli fand. [Dann wieder bei Verrocchio (Schule): Madonna, Kind und Heilige und zweimal zierlich bescheiden bei Angelico Beato, Geburt Johannis und Sposalizien der Maria (Miniaturen).

14. 4. 1901

Uffizien. Dort sieht man heute auch Italiener, Arbeiter und Handwerker im Sonntagsrock, die sich durch

Raffaels Stieglitzmadonna in den Uffizien von Florenz.

ihr stilles Betragen und oft auch durch ihre Art, die Bilder zu betrachten, vorteilhaft vom englischen und deutschen Pöbel unterscheiden. Einige dunkle, ernst und tief blickende Porträts junger Männer, dem Parmigianino zugeschrieben. In einem der Niederländersäle, wo das herrliche Doppelporträt von Messys ist, findet sich eine thronende Madonna mit Kind und zwei Engeln von Hans Memling, merkwürdig frischfarben blühend, mit reichem Ornament und schöne Fruchtschnur, unter Glas, ein Kabinettstück. Daneben, in der Farbe nicht mehr so frisch, ein Van der Goes, thronende Maria, mit wunderbar exakt gemachtem Detail: Goldbrokat, Edelsteine, plattierte Schmuckarbeit, Stickerei, wie sie, nur etwas kühler, Crivelli manchmal hat. Auf dem Bildchen ist u. a. eine Pfauenfeder, ein reicher Schwertgriff, Goldquasten, ein offenes Buch und ein geschlossenes mit schönem Einband und goldgepreßtem Schnitt brillant gemacht; doch läßt sich das Material, namentlich die Stoffe der Kleider, kaum unterscheiden (selbst der Sammet), auch das Haar ist fleißig, doch ohne Gefühl für das Material. In den Korridoren ist alles Schönste vom Ignoto Toscano.

Der Palazzo Pitti

8. 4. 1901

Kräftig schöner, großer Bau, der einen herbschönen Anblick bietet. Im ersten Saal der Galerie freut mich neben den großen Andrea del Sarto und dem Fra Bartolommeo namentlich die wundervolle Madonna von Perugino, der mir überhaupt immer lieber wird.

Tizians Christus hat einen jener weichen, tiefblauen venezianischen Hintergründe. In der Sala della Stufa nun der erste Tizian, der mich begeistert, »Sposalizien der hl. Katharina« mit viel Landschaft, in Bau und Kolorit harmonisch, weich und süß, das ganze Bild wie Musik. Entzückend ist die kleine Sala del Bagno, ein ganz köstliches Badezimmer, Boden-Mosaik, Decke und Lünetten-Reliefs, vier reizende korinthische Säulchen, Marmorwanne, zwei Tischchen und Stühle. Im Saal des Ulysses eine in der Lichtgebung auffallende Madonna von Tintoretto und einige Salvator Rosa. Carlo Dolci wirkt durchweg abstoßend affektiert. Im nächsten Saal Tizians Pietro Aretino, ein großartiges Porträt, ebenda Filippo Lippis Rundbild: die lieblich feine Madonna, mit Mariä Geburt im Hintergrund. Daneben ein kleiner, bunter, zierlicher Pinturicchio. Im selben Saal zwei runde florentinische Madonnen, ohne Namen, den Lippi verwandt, und Botticellis Simonetta. [Wichtig und mir sehr lieb geworden sind auch die zwei schönen Selbstporträts des Andrea del Sarto, der in Florenz so viele edelschöne, symphatische Bilder hat.] Dann der Hauptsaal: die Granduca von ganz überirdischer Schönheit. Ergreifend das »Konzert« von Giorgione. Die Sedia hat prächtig leuchtende Farben; es ist eine Lust, das Bild zu betrachten, doch hat es wenig Seele.

10. 4. 1901

[Im Palazzo] Pitti, wo ich zunächst wieder lange vor Tizians Katharina sitze. Das Bild hat gar nichts Besonderes als die den Toskanern meist fehlende völlige Einheit des Tones, in welcher Licht, Figuren, Landschaft etc. gleichberechtigte Akkorde sind. Durch einen Hirten mit Viehherde (besonders Schafe), der rechts den Mittelgrund einnimmt, und durch Dorf und Kirchlein im Hintergrunde gewinnt das Bild neben der schönen räumlichen Tiefe einen überaus lieben Hauch von Stille und Idyll. Es wird eben von einer freundlichen alten Dame nicht übel kopiert. Neben Raffaels großem Porträt Leos X. hängt wenig besucht eine Magdalena von Perugino, einer seiner süßesten Frauenköpfe, dessen zarte und doch reife Schönheit von keinem hiesigen Raffael übertroffen wird. Leider ist es zur Zeit durch eine große Staffelei verdunkelt. Auf Filippinos großer runder Madonna wieder die typische tragende Dienerin. Daneben auf der ziemlich gleichzeitigen unbenannten Madonna wieder die oft vorkommende prächtig dekorative Gartenmauer mit gleichmäßig beschnittenen Zierbäumen (hier wohl Zypressen?), die auf Ghirlandajos und Masolinos Fresken mir schon auffiel. Im [Palazzo] Pitti findet es sich nur dies eine Mal. Was die großzügige Komposition betrifft, ist vor Andrea del Sarto Fra Bartolommeo der Größte, dafür entbehren seine Bilder des toskanischen Liebreizes.

18. 4. 1901

[Palazzo] Pitti. Im dritten Saal: Ignoto, ritratto di una giovane, kleines Bildchen, schwer gerahmt. Ein junges blondes Mädchen in rotem Kleid und leichtem Spitzenkragen, goldene Kette um Hals und Brust, graubraune kluge Augen, auffallend blühendes Gesicht mit vollen Lippen auf sehr schlankem Halse, das Ganze hellfarbig auf schwarzem Grunde, ein anmutend stilles Bildchen. Ich blieb bis 12 Uhr im Pitti; Veroneses beide weiße Kinderporträtchen, Tizians Aretino, Andrea del

Sartos Verkündigung und Peruginos Magdalena fesselten mich diesmal speziell.

Der Boboli-Garten

11. 4. 1901

Der Garten ist schön wie ein Wunder, mit meist immergrünen Anlagen, fürstlichen Wegen und Terrassen, Statuen, Brunnen, Treppen, Vasen. Herrliche Sonne. Die Luft ist heute so auffallend transparent, daß alle Farben doppelt glänzen und die Ferne herrlich klar leuchtet. Weite, dichte, hohe, dunkle Gänge aus Lorbeer. Wundervolle Aussicht über den [Palazzo] Pitti weg auf Florenz und weit in die Berge, deren höchste noch Schneegipfel haben. Große alte Zypressen, schöne Pinien. Glänzend hellgelbgrün das neue Laub der Kastanien. Auf den Wiesen Orchis, Anemonen und fremde Blumen. Köstliches Spiel der Wolkenschatten bei starkem Winde. Sich beugende Zypressenwipfel, wie schwanke schwarze Flammen. Man kann seine Phantasie nicht genußreicher und edler beschäftigen, als indem man diesen großartigen Garten mit vornehm kostümierten Gestalten des alten Florenz bevölkert. Hier mußten patrizische Jünglinge Ball spielen und schöne vornehme Frauen sich den Ariost vorlesen lassen. Im untersten Hof bei der Grotte eine steinerne Halbkreisbank, Sitz und Lehne hübsches Mosaik, die Galerie nebenan mit hübschen Renaissanceornamenten bemalt (weiß auf grün).

Die Kirche Santo Spirito

17. 4. 1901

Besuch von Santo Spirito, wundervolle Kirche. Pieros Altarbild und das von Lorenzo di Credi (beides Madonnen mit Heiligen) von rührend schlichter Schönheit. Chor: protzig barock. Filippinos Madonna dort ist ein reifes, schönes Werk, mit reizendem Bambino. Sakristei und Vorhalle wirken durch sehr reine Verhältnisse. An der kleinen, stillen Piazza, wo Palmen und Magnolien und auf den Steinbänken Kinder, steht der schöne Palazzo Guadagni, entzückender Frührenaissancebau, mit flotter Loggia unter dem Dach. Ich ging hinein, im schönen kleinen Hof rauschte ein Einhornbrunnen und sonnte sich ein alter Knecht, mit dem ich plauderte. Er erzählte mir Geschichten von seiner Herrschaftsfamilie und war der Ansicht, alles irgend Alte und Schöne in Florenz, auch sein Palast, sei von Michelangelo gemacht.

Die Kirche Santa Maria del Carmine

7. 4. 1901

Wir besuchen die nahe schöne Kuppelkirche Carmine, mit der kostbaren Kapelle Brancacci, welche Fresken von Filippino Lippi und Masaccio hat. Masaccios »Vertreibung aus dem Paradies« ist gewaltig schlicht und edel. In den Lippi-Fresken fällt namentlich die liebenswürdige, unglaublich lebendige des schlafenden jungen Wächters Petri auf. Petris Kreuzigung (Lippi) zeigt durch einen Türbogen eine schöne ferne Landschaft, in derselben Tür in der Jünglingsgruppe Filippinos eigener Kopf, ausdrucksvoll aus dem Bilde herausschauend. Ein Streif Sonne fiel auf die rechte Wand, und wir warteten, bis er auch den schönen Petriwächter traf, der nun mit dem edel modellierten Kopf in zarter Färbung hervortrat, ein ungemein anmutender Anblick.

17. 4. 1901

Besuch in Carmine. Ich eilte gleich in die Freskenkapelle und fand gerade durch einen glücklichen Sonnenstrahl meinen Liebling, Filippinos schlafenden Wächter, allein glänzend beleuchtet. Die Kapelle war voll von Besuchern, die alle eifrig studierten; aber keiner beachtete die Figur. Sonderbar! Mir ist ein von Sonne beschienenes Freskodetail immer eine unschätzbare Glücksgabe und lieber als eine ganze dunkle Kirche voll. In der Sakristei werden eben die Fresken von Spinello Aretino gewaschen und restauriert, so bestieg ich das Gerüst und sah den ganzen Zyklus nah und deutlich (Leben der hl. Cäcilie, nicht eben genial, doch hübsch). Der Kreuzgang ist anmutend hübsch, heimeliger Raum mit frischem Grün. Masaccios Fresko ist übelst erhalten, dagegen das von Giovanni da Milano gut, es erfreut durch kräftige helle Farben.

Die Kirche Santa Maria Novella

9. 4. 1901

[Die] Kirche Santa Maria Novella hat [eine] prächtige, nicht gut erhaltene Marmorfassade, daneben Kreuzgang mit Gräbern, außen in schwarzweiß Marmor modern hübsch restauriert . . . Die Altarbilder sind spät und unbedeutend. In der Kapelle Rucellai der große Cimabue leider ganz ohne Licht, dennoch einiger Eindruck von Majestät. Die Kapelle war zu dunkel, als daß ich die andern Bilder und Grabmäler hätte besehen können. Besser beleuchtet war der Chor, mit Ghirlandajos wundervollen Fresken aus dem Leben Mariä links und Johannis rechts. Besonders entzückte mich Mariä Geburt in der untern Fensterecke, mit glänzendem Interieur, besonders Puttenornament reizend, frisch und reich. Einzelne, ja viele Köpfe auf diesen herrlichen Fresken sind von großem Eindruck und so frisch, als wären sie gestern gemalt. Darunter zweifellos eine ganze Anzahl Porträtköpfe, welche mit Architektur und Kostüm zusammen ein lebhaftes Bild des Florenz im Quattrocento geben. Die oberen Bilder sind schlechter erhalten und mühsam zu sehen. In »Joachinis Vertreibung« reiche Renaissancearchitektur des Tempels, sonst viele Fassaden im Florentiner Palaststil, mit Loggia im obersten Stock, wie man sie hier so oft findet. Drei schöne Frauen links unten auf der »Heimsuchung«, ebenda zwei reizend lebendige Knaben, die über die Mauerbrüstung hinabsehen und die Rücken ins Bild kehren, sowie zwei schöne Bäume. In der »Geburt Johannes« typische Figur der eilenden Dienerin mit Fruchtkorb mit Hintergrund, der eine sehr schöne Landschaft leider nur ahnen läßt. Dann im linken Querschiff das große Fresko von Orcagna, in dessen etwas steifer Mystik eine Anzahl sehr gut gezeichneter, schön bewegter Körper auffällt. Das Fresko übt ganz die Wirkung düster dantesker Mystik. Zum Schluß Gang um den ganzen Komplex von Santa Maria Novella.

24. 4. 1901

Santa Maria Novella, deren Chorfresken doch die flottesten von Florenz sind. Heute hatte auch die große Cimabue-Madonna Licht, die typische Figur mit je drei knienden Engeln rechts und links. Die Filippino-Fresken der Strozzi-Kapelle sind frisch und lebhaft, doch oberflächlich, und sehen neben Ghirlandajo konventionell und künstlich aus. Die Cappella degli Spagnuoli sah ich bei allerbestem Licht, so daß der Eindruck des völlig bemalten schönen Raumes sehr glücklich war. Die Fresken sind reich an interessanten Details, auch Inhalt und Auffassung ist bedeutend und interessant, künstlerisch bedeutend sind sie nicht. Schön sind die Kreuzgänge, deren größter leider unzugänglich.

Der Bargello-Palast

11. 4. 1901

Nun der Bargello mit Nationalmuseum! Michelangelos Madonnenrelief ist das erste von Michelangelo, was mir gefällt. Wuchtig massiv. Schöne Reliefs von Benedetto da Rovezzano. Ganz herrlich ist der Hof des Bargello, mit flotter Treppe und Galerie, mit vielen Wappen geschmückt, alles bieder, knapp und bündig, festlich und trotzig zugleich. Der Saal des Donatello macht schon beim Eintritt einen kräftig-ernsten, würdigen Eindruck. Am schönsten der Bronzedavid und der hl. Georg. Verblüffend lebendig die Kinderköpfe und einige Porträtbüsten. Der stattliche, sehr hohe Saal mit wuchtigem Gewölbe wirkt kräftig mit. Die geniale Kunst Donatellos redet hier unendlich stark, streng und überzeugend. Alles atmet Echtheit und Wahrhaftigkeit. – Erst von einem Fenster des Bargello aus bemerkte ich die schöne Tür der Badia mit dem Tonrelief von B. Buglioni.

Weiter im Bargello reiche Sammlung von Kleinkunst, namentlich Schmuck: z. B. ein venezianisches Bischofskreuz, Emailarbeit mit Amethysten. Bei den Elfenbeinsachen namentlich die französischen schön. Bei den Gemmen fiel mir eine in Kristall geschnittene, wundervoll schlanke Graziengruppe auf (Italien XVI sec.) Unter den kleinen Porträtmedaillen eine famose mit Büste des Lorenzo magnifico, kräftig schöne, derbe Arbeit in Bronze. Dann das Original des Cellini-Reliefs am Perseus: Befreiung der Andromeda. Sonst leuchtet mir von den Bronzen nur der David von Verrocchio stark ein. Unter den Tapeten fesselt mich eine aus Goldstoff mit Renaissancemuster in schmalen roten Linien, entzückend schön.

Daneben ein Saal, früher Kapelle, mit Fresken aus Giottos Schule, auf einer derselben (Paradies, der Tür gegenüber) der berühmte Dantekopf, renoviert und enttäuschend. Nebenan unter den Gewändern einige glänzende Prachtstücke: auf einem samtenen Bischofskleid famos gewirkte Märtyrerlegenden (Rock grün, Bilder farbig auf weißem Grund, der als vertikales Band den Rock teilt). Weiteres einzelne: blaugoldener, emaillierter Kopf eines Krummstabs, mit eingesetzten Edelsteinen, in einen Tierkopf auslaufend, dessen Augen schwarze Steine (französisch oder spanisch). Ein goldener Fingerring mit zwei ungemein zart gearbeiteten ineinandergelegten Händen mit reizend schlanken Fingerchen (ital. XVI sec.). Edler goldener breiter Fingerring, mit steilen, stark erhabenen astrologischen

Zeichen (ital. XIV sec.). Eine Haarnadel mit Goldgriff und Juwelen.

21. 4. 1901

Im Bargello: silberne französische und deutsche Kassettenbeschläge der Renaissance, mit edlen Ornamenten. Der Fuß eines Reliquariums, emailliert, toskanisch, 14. Jahrhundert, der aus allen ähnlichen Stücken durch seine strenge, reine Struktur und Ornamentik hervorleuchtet, wie überhaupt die Ornamente der guten Florentiner Zeit von einem frappierend strengen, vornehmen Geschmack sind. Ich bewundere wieder das italienische Publikum, das mit erstaunlichem Eifer und Verständnis stundenlang Medaillen und Skulpturen ansieht und sich dabei ungemein still und artig benimmt. Drei verschiedene Medaillen mit dem Kopfe des Sigismondo Pandolfo Malatesta, der auf einer derselben überraschend schön, ernst und adlig aussieht.

Die Badia-Kirche

11. 4. 1901

Besuch der Badia (dem Bargello gegenüber), wo in einer Seitenkapelle Filippinos schönstes Werk: die Madonna erscheint dem hl. Bernhard. Das Bild ist vielleicht das poetischste des ganzen Quattrocento: Maria legt dem lesenden Heiligen leise die schlanke Hand aufs Buch, neben ihr und hinter ihr köstliche Engelknaben. Die Farben frisch und leuchtend, feine zarte Landschaft, Figur und Gesicht der schlanken hellblonden Madonna unbeschreiblich keusch, zart und lieblich.

Die Kirche Santa Croce

[15. 4. 1901]

Santa Croce, wo mich zunächst die Kanzel von Benedetto da Majano eine Weile fesselt. In der Capella Castellani sind Agnolo Gaddis Fresken leider stark verwüstet. Daneben Taddeo Gaddi gut erhalten. In der Altarkapelle der Sakristei unter den alten Fresken des Giovanni da Milano sind besonders Mariä Geburt und Mariä Tempelgang reizend naiv und frisch. In den Schränken der Sakristei einige prunkvolle Meßgewänder und heilige Geräte, Bücher mit prächtigen Miniaturen, unter diesen ein A mit Auferstehung Jesu, mit bewegten Gesichtern der Frauen und schlafenden Wächtern. Dann ein P mit Ritter Georg und Jungfrau, Hintergrund alte Stadt, Georgs Pferd fahl rosa, sonst glänzend satte Farben. In der Sakristei sprach ich mit einem italienischen Priester vom Lande, der über so viel Glanz und Reichtum ganz entzückt und außer sich war. Im Gang vor der Sakristei Reste übertünchter Fresken, ganz unbeachtet, gut erhalten nur links der Tür ein schöner schreitender Engel, dessen Gesicht ausgesprochen Botticelli-Typus hat. Die Giottofresken in den Kapellen sind wundervoll reif und energisch, doch ganz restauriert. Im Chor schöne Fresken von Agnolo Gaddi. Ein Grabmal von Desiderio da Settignano herrlich. Dann Kreuzgang mit dem edlen Bau der Pazzikapelle.

Die Fassade der Kirche Santa Croce in Florenz.

Die Kirche Santa Maria Maddalena dei Pazzi

15. 4. 1901

Besuch der Kirche S. Maria Maddalena dei Pazzi, mit schönem Hof. Um die Ecke Peruginos Kreuzigung, Fresko, wo ich eine gute Weile allein sein durfte. Das große, lichte, dreiteilige Bild ist unbeschreiblich schön, schlicht und edel, verbindet klassische Komposition und Selbstbeschränkung mit dem ganzen Zauber der quattrocentistischen Lieblichkeit und Naivität; die Landschaft ist von wunderbar zartem Reiz.

Die Galleria dell' Accademia

4. 4. 1901

Michelangelos riesiger David, Ghirlandajos Anbetung, Fra Angelico, Luca Signorelli, schöner Fra Filippo. Botticellis »Frühling« sehr matt in der Farbe, dennoch schön, besonders die Flora. Botticellis thronende Madonna hat vier schöne Engel, Kind und Johannes sind krankhaft häßlich. Schön in milden Tönen der Tobias. Anbetende Hirten von Lorenzo di Credi. Saal des Fra Angelico golden und rotblau leuchtend.

20. 4. 1901

Halb elf Uhr ging ich in die Akademie. Erst diesmal fiel mir die Schönheit einer Botticelli-Madonna auf, die links von seiner großen, dem Tobias entsprechend, hängt. Auf diesem Bilde ist eine ganz besonders innige, vertiefte Andacht, namentlich der hl. Damian mit dem zur Seite nach der Madonna gewandten Kopf ist von ergreifendem Ausdruck. Der »Frühling« ist mir, seit ich an die blassen Farben gewöhnt bin, immer lieber geworden, auch der famose Hintergrund, der von stärkster dekorativer Wirkung ist und an Modernes erinnert.

Das Museum von San Marco

12. 4. 1901

Neben der Kirche San Marco Eintritt ins Kloster (Museo) di San Marco. Eintritt gleich in den vorderen Kreuzgang, dessen ganze Mitte eine große, breitästige, herrliche grüne Zeder ausfüllt. Hier eine Serie bunter Fresken, darunter der feine Christus als Pilger von Fra Angelico. Im Kapitelsaal dessen großes Fresko der Kreuzigung. Im Refektorium Soglinis zwei schöne Bilder. Im kleinen Refektorium abseits Ghirlandajos köstliches Abendmahl (Gartenmauer!), der Abendmahlstisch voll Kirschen. Im obern Stock die Zellenreihe mit Bildchen von Fra Angelico. Die Zellen, geweißte Gewölbe mit winzigen Bogenfensterchen in Nischen, roter Steinboden, jede mit einem kleinen Fresko, haben eine ganz eigene Stimmung. Zelle des Savonarola mit Lesetisch und Bildnis. Daneben schöne Madonna von Fra Bartolomeo. Liturgien etc. mit wertvollen Miniaturen, z. B. in einem Antifonarium im Buchstaben A die Stigmatisation des hl. Franz, blühend farbig: ein von der Glorie umgebener schwebender Kruzifixus teilt dem Heiligen die Male durch Strahlen mit, deren Gold frisch durch die satte bunte Farbe der Landschaft glänzt. Blauer Hintergrund, schöne Zypressen.

Der Kreuzgang dello Scalzo

26. 4. 1901

In der Via Cavour zum Chiostro dello Scalzo, wo die braunen Johannesfresken von del Sarto und Franciabigio. Der »Chiostro« ist ein heller, zierlicher Säulenhof; die Fresken nebst den gemalten Renaissanceornamenten schmücken ihn gut. Sie sind bei meist edler Komposition zum Teil voll Leben, namentlich »Johannis Segnung und Abschied« von Franciabigio, welches Bild mit den famosen Knabengestalten und den schönen Zypressen rechts im Hintergrund mir besonders lieb wird.

Die Kirche San Miniato al Monte

2. 4. 1901

San Miniato schöne Marmorkirche mit guter Fassade und alten Bildern, der Turm fast Ruine; das ganze Anwesen dient als Friedhof. Innen Krypta mit vielen kleinen Säulen, in der Sakristei Fresken (Leben Sankt Benedikts).

5. 4. 1901

In der Kirche Miniato Grabmal G. Giustis, des Dichters, unbedeutend. In der linken Seitenkapelle Altarbild und Verkündigung al fresco (schön) von Baldovinetti, Jacopo-Kardinalgrabmal von Rosellino, daran namentlich schönes Madonnenrelief, und an der Decke vier blauweiße Medaillons vom lieben Luca della Robbia, Tugenden darstellend. Bei der Kirche ein geschmackloser Campo Santo, in dem nur die edlen Zypressen schön sind.

Die Kirche San Miniato über Florenz.

Die Certosa di Val d'Ema

8. 4. 1901

Nach Tisch Dampftramfahrt von Porta Romana aus nach der Certosa, in überfülltem Zuge stehend. Ein heißer, mauerumschlossener Steinweg führt zum Kloster empor, das stattlich und burgartig auf der Höhe über dem Tal der Enna liegt. Im kleinen Vorhof von den festungsartigen Mauerzinnen schöner Blick ins grüne, reiche Tal der Enna. [Für die ganze Florentiner Landschaft typisch ist die schön geschwungene Hügellinie, helle Farben, und die Villen, Klöster, Häusergruppen und Gartenmauern zwischen hohen, spitzen Zypressen oder Pinien. Eine prächtige Allee dieser Bäume führt nach Villa Poggio hinauf.] Ein Mönch führt uns durchs Kloster. Wundervolle liegende Grabmalfiguren von Donatello, darunter ein wunderbar lieblich-schöner Jüngling. Im Kapitelsaal eine Madonna von Perugino. Viele Kreuzgänge, im größten kühler Trunk aus der Zisterne. Auf der andern Klosterseite Blick nach Fiesole und Prato und in die Berge. Es sind nur wenige Mönche da, meist alte müde Leute in weißen Kutten, freundlich.

23. 4. 1901

Ich sah die ganze Certosa noch einmal, mit besonderer Liebe die Grabmäler von Orcagna und Donatello und den großen Kreuzgang. Jetzt, wo dort alle Blumen und Büsche blühen und die Wärme auf den Gängen flirrt, ist der Hauch von Frieden und Weltferne noch erhöht. Der Klostergarten war voll reifer Zitronen.

6. 3. 1903

Florenz war wieder wundervoll: die ganze Stadt nicht [wie Venedig] eine melancholische Ruine, sondern das heitere Denkmal einer gesunden, überreichen, lebensfrohen Zeit. Meiner Augen wegen lief ich wenig in Galerien herum, desto mehr auf Gassen und Plätzen und in der schönen Umgebung.

Das trotzende Certaldo, die Heimat Boccaccios

Wenn man von Florenz südlich fährt und sich jener eigentümlichen Grenzgegend nähert, wo die Zypressen und Böcklinvillen aufhören und dafür die roten Erdhügel und wilden Weidelandschaften beginnen, jener schönste, charaktervollste Strich von Mittelitalien, sieht man jede halbe Stunde irgendeine kleine alte Stadt auf ihrem Berge schlummern, mit Türmen und festen Mauern, nackt und steinern. Zu jenen schönen, zum Glück gar nicht viel besuchten Städten zwischen Florenz und Rom, von denen die Reisenden meist nur Siena, Perugia und Orvieto kennen, gehört auch das hübsche, steil auf dem Hügel trotzende Certaldo. Das ist die Heimat Boccaccios . . . [1912]

Toskanischer Frühling

Nun kommt die Zeit der großen Anemonen,
Mit denen alle Haine sich bekränzen;
In warmen Gärten reifen die Limonen,
Die Mauern dampfen und die Hügel glänzen.

Schon such' ich wieder die Zypressenschatten
Und dehne träg im Grase meine Glieder
Und labe mich im lauen Duft der Matten
Und summe meine deutschen Frühlingslieder.

Ermüdet streift mein Blick die weißen Villen,
Die heißen Straßen und die gelben Felder;
Mein Herz ist nicht dabei – es denkt im Stillen
An Lindenduft und deutsche Buchenwälder.

Anemonen bei Fiesole

Über Fiesole leuchtete ein Aprilmittag, sonnig heiß, mit blankbefiederter Bläue. Veilchenmädchen lärmten in den Gassen, farbig gekleidete Fremde trieben sich im römischen Theater herum. In dem warmen, steilen Sträßchen, das von der Piazza zum Kloster führt, saßen Strohflechterinnen und arbeiteten im Freien. An der Aussichtsbank war allerlei Leben. Kinder – viele blonde darunter – lagen und spielten im Gras, jeden Augenblick bereit, aufzuspringen, wehmütige Gesichter zu machen und zu betteln. Ein paar Hausierweiber mit Strohwaren standen erwartungsvoll dabei, und hart an der Mauer hatte ein hübscher Bursche sein Fernrohr aufgestellt, durch welches man für zwei Soldi jedes Haus von Florenz bis zur Torre del gallo sehen kann. Die schöne Zwillingszypresse umströmte leis ein wohlig warmer Wind.

Vom Kloster herab kam ein junger Deutscher gegangen. Alles an ihm war Freude und Begeisterung, sein Gang wiegte sich freudig, seine Augen glänzten, seine Arme waren in erregter Bewegung. Es ist nicht anders, wenn ein junger Nordländer zum erstenmal Fiesole im Frühling sieht. Ihr könnt ihm ansehen, daß er an Lorenzo den Prächtigen, an Jakob Burckhardt und an Böcklin und zugleich mit halbem Mitleid an die ferne Heimat denkt. Nun betritt er mit beiden Füßen das Land, von dem er seit Knabenzeiten gehört und geschwärmt hat! Nun liegt zu seinen Füßen Florenz, und rings umdrängen ihn Hügel, Villen, Gärten mit ihrer großen Geschichte und ihrer großen Schönheit.

Frühling in der Toscana.

Er fühlt, daß er noch nicht in die Stadt zurückkehren und heute überhaupt nicht arbeiten darf. So ein Tag ist einzig zum Wandern da. Also schlendert er durch Fiesole, kauft Orangen und schlägt den Höhenweg nach Settignano ein.

Es lohnt sich wohl, im Frühjahr diesen Weg zu gehen. Die Stadt verschwindet, man sieht bald weder Häuser noch Menschen mehr, nur bunte Nähen, ergrünende Felder, satte Wiesen und ernste schöne Bergzüge, dazwischen einsam und grau das sonderbare Schloß Vincigliata in seinem dürren jungen Nadelwald. Dem Wanderer war in der Seele wohl; jeder blühende Baum erfreute ihn, und jede am Hügelkamm auftauchende Zypresse entzückte ihn durch ihr energisches Emporlodern. Das Schönste aber sah er zuletzt.

Das waren die Anemonen. Sie sind freilich nichts eigentlich Toskanisches, man findet sie überall, aber sie gedeihen hier besonders üppig und sind schöner als der ganze üppige Frühling zusammen. Sie sind blau, rot, weiß, gelb, lila und violett. Sie haben große runde Blüten und bedecken ganze Fluren. Man darf wirklich von ihnen sagen: sie lachen. »Sieh, es lacht die Au!« Sie schauen so staunend, offen und selig in die Welt wie Kinder. Sie machen die Wiesen zu frohen, buntgewirkten Teppichen – man sieht sie auf zahllosen toskanischen Bildern des Quattrocento, und sie erhöhen deren süßen kindlichen Liebreiz.

[1901]

Fiesole

Während des Monats, den ich in Florenz zubrachte, besuchte ich die Höhe von Fiesole wohl ein dutzendmal. Ich war dort in kühlen Morgenstunden, am heißen Mittag, an klaren blauen Frühlingsabenden. Ich erstieg die steile Via vecchia im Staube heißer Sonnentage und fuhr, im Mantel fröstelnd, an grauen Regentagen mit der Trambahn hinauf, und jedesmal fand ich nicht nur Ruhe, reine Luft und feiertägliche Stimmung, sondern jedesmal auch irgendeinen neuen Reiz der Landschaft, der Gassen, des Klosters, so daß mir für die anstrengenden Florentiner Studienwochen der stille Bergort eine liebe Zuflucht und eine Quelle der Erfrischung und Lebensfreude wurde.

Um so rasch als möglich dem Staub der Vorstadtstraßen zu entrinnen, fuhr ich gewöhnlich bis Domenico. Von da benützte ich mit Vorliebe die steile gepflasterte Via vecchia, die an der Villa Medici vorüber rasch zur Kathedrale hinaufführt. Von hier aus ersteigt man die Klosterhöhe in wenigen Minuten.

Von den römischen Ruinen bis zur Villa Böcklins hat Fiesole aus verschiedenen Zeitaltern Anziehendes und Interessantes, das Beste aber ist seine köstliche Lage auf und an zwei stattlichen, von Obstgärten und Landhäusern bedeckten Höhen über Florenz. Der Blick auf die große freundliche Stadt und das grüne Arnotal ist von sanfter, ruhiger Schönheit, wird aber übertroffen durch die jenseitige Aussicht in die Berge, die man am besten vom Settignaneser Weg oder vom römischen Theater aus genießt. Wer aus dem bewegten

Florenz, Blick auf die Stadt und die Arno-Brücken.

Stadt- und Fremdengetriebe von Florenz auf diese Höhe flüchtet, dessen Geist und Auge ruht an den Linien der grünen Berge und auf den Zypressengruppen der Gärten gerne und befriedigt aus. Von hier aus führt auch ein etwas heißer, schöner, wenig begangener Weg in das träumerisch öde, totenstille Tal von San Clemente hinüber, wo man stundenlang auf der Heide liegen kann, ohne einen menschlichen Laut zu hören.

Der schönste Platz von Fiesole ist unstreitig die Klosterhöhe. Dort verträumte ich manchen warmen Spätnachmittag im Geplauder mit den Strohflechterinnen, Bettlern und Kindern, auf der breiten Mauer liegend. Dort steht ein prachtvoller Zypressenzwilling, zwei Stämme aus einer Wurzel, dessen reicher, schwanker Doppelgipfel schwarz und scharf gegen den Himmel steht. Zu Füßen hat man Weinberge und Olivengärten, die sich in steiler hellgrüner Flucht gegen die Badia hinab senken. Dahinter liegt die Stadt Florenz, vom riesigen, zartfarbig schimmernden Dom mit dem herrlichen Glockenturm überragt und beherrscht, hinter welchem wieder der schlanke hohe Turm des Palazzo vecchio sichtbar wird. Dieser Turm mit der kecken Anschwellung des Kranzes ist das eigentliche Wahrzeichen der Stadt, in deren Kunst und Kultur die schlanke, männlich strenge Form und eine gewisse herbe Gesundheit und Klarheit vorherrscht. Weiterhin findet das Auge da und dort bekannte und verehrte Stellen: das spitze, schmale Türmchen der Badia, die Kuppel von San Lorenzo und die ganze Reihe der Kirchen. Jenseits der Stadt liegt hell und winzig San Miniato auf der Höhe, fast von den hohen Zypressen des Hügelweges verdeckt. An die Stadt schließt sich der schöne, langgestreckte Park der Lascinen und abwärts ein anmutiges Stück des Arnotals, weit hinaus vom blanken Lauf des Flusses durchglänzt. – Das Schönste, was man von dort oben sehen kann, ist der Sonnenuntergang an einem klaren Abend. Fünfmal genoß ich diesen unvergeßlichen Anblick, doch ist einer dieser Abende mir besonders treu und schön im Gedächtnis geblieben. Es war gegen Ende April, der Abend eines heißen, leuchtenden Tages. Ein Fest in den Lascinen hatte Städter und Fremde angezogen, so daß hier auf der Höhe nur vereinzelte Spaziergänger sich zeigten. Ich saß auf der steinernen Ruhebank, von einem ganzen Hofstaat von Bettlern und Kindern umgeben, die mich von öfteren Besuchen her kannten und deren harmlose Gegenwart und Unterhaltung mir immer lieb war. Ein achtjähriges Mädchen hatte sich auf meinen Schoß gesetzt. Sie war das Enkelkind eines alten mürrischen Bettlers, ein behendes, schön gewachsenes Kind mit wundervoll reichem Blondhaar, wie denn überhaupt in der toskanischen Landschaft die Menge schöner Kinder dem Fremden auffällt. Die Kleine wollte Karamellen von mir haben, die ich ihr Tags zuvor versprochen hatte, und schmollte eine Weile ernstlich, daß ich sie vergessen hatte. Dann gab sie sich damit zufrieden, einige Orangen mit mir zu teilen. Wir zerlegten jede in sechs Schnitze, von denen abwechselnd einer mir und einer meiner Freundin zufiel. Es war entzückend, in das helle, doch ernste Kindergesicht zu sehen, während ich die süße Speise in das offen wartende Mündlein steckte. Während des Essens erzählte sie mir vielerlei, den Tod zweier Katzenjungen, die Wäsche im Haus der Tante und anderes Wichtige. Dazu blickte sie mich aus den großen schönen Augen an wie aus einer bodenlosen Tiefe von Zufriedenheit und namenlosem Glück. Die Tante, eine Korb- und Fächerverkäuferin, war mit ihrem Strohwarenbündel ebenfalls da.

Die Sonne stand niedrig über den jenseitigen, graugrünen Hügeln und nahm, während sie sich deren Rande langsam näherte, an Größe und Röte stetig zu. Das schwer goldene, warme Licht flutete durch den klaren Raum herüber und ruhte weich verklärend auf den weißen Villen, auf den Zypressenreihen, auf der Fläche der Mauer, auf dem blonden Kinderhaupt, auf unsern Händen und Gesichtern. Ich hieß die Kleine schweigen, bis die Sonne gesunken wäre, auch die andern wandten sich dem leuchtenden Anblick zu und so standen und saßen wir alle der wachsenden Röte zugewendet, die uns mit Glanz und Feierabendfrieden übergoldete. Die Sonne berührte nun den Hügelrand, der sogleich zu beiden Seiten mit wundervoll klarem Kontrast auftauchte. Noch ein Atemzug und noch einer, und der letzte flammende Teil der roten Scheibe war versunken.

In diesem Augenblick verwandelte sich die Farbe der Hügel plötzlich in ein reines Blau, das ich so tief, satt und hinreißend bis dahin nur auf den Hintergründen Tizianischer Bilder gesehen hatte. Zugleich erfüllte ein rosiger Duft das ganze Tal und tauchte die Stadt in eine rötliche Dämmerflut. Das Blau der Hügel wandelte sich langsam in ein weiches Violett, das gegen den golden roten Himmel eine intensive, prachtvolle Leuchtkraft zeigte und fast eine halbe Stunde anhielt. Die Kleine ging mit der Tante zum Abendessen, der alte Bettler erhielt einen Soldo und ging weg, die Kinder auch, und ich saß noch lange allein oben, an dem Anblick der dämmernden Farbenübergänge ganz verloren. Ein schwacher Wind erhob sich und erklang leise mit langen ungleichen Pausen in der Doppelzypresse. Die Stadt versank in Dämmerung, nur der Glockenturm des Giotto und die Kuppel des Brunelleschi schimmerten noch matt hervor. Und während ich nach San Domenico hinabstieg, nahm der wolkenlose Himmel das tiefe, rätselhaft leuchtende Blau der italienischen Nächte an. [1901]

Im Norden

Soll ich sagen, was ich träume?
An beglänzten, sonnenstillen
Hügeln: Haine dunkler Bäume,
Gelbe Felsen, weiße Villen.

Eine Stadt im Tal gelegen,
Eine Stadt mit marmorweißen
Kirchen leuchtet mir entgegen,
Und sie ist Florenz geheißen.

Und in einem alten Garten,
Eingehegt von schmalen Gassen,
Muß das Glück noch auf mich warten,
Das ich dort zurückgelassen.

Initialen

Nächst den Träumereien sonnig stiller Frühlingsnachmittage, an denen ich auf warmen Bänken oder im hohen Grase lag und mich ganz dem Zauber der Sonnenwärme und des Blumenduftes hingab – nächst diesen Träumereien und nächst dem Geplauder mit den kleinen, barfüßigen toskanischen Bauernmädchen fand ich in Italien vielleicht nirgends so viel Selbstvergessen und so viel reines vollbefriedigtes Hingegebensein wie in den Kapitelsälen, Bibliotheken, Sakristeien und Schatzkammern der Klöster und Kirchen, wo ich, in staubigen Schränken oder auf alten Lesepulten ruhend, Sammlungen alter Mönchsmalereien fand.

Die Arbeit eines klösterlichen Miniaturmalers muß etwas unsäglich Befriedigendes gehabt haben; man spürt es diesen bunten, frischen, fleißig ausgeführten Bildchen und Ornamenten so deutlich an, daß sie mit unversieglicher Treue und Laune und mit einer beglückenden Liebe zur Sache gemalt wurden. Im Gebiet der bildenden Künste kenne ich kaum etwas, was auf den Beschauer so heimatlich anziehend, so tröstlich, reinigend und erfreuend wirkt, wie diese in satten Farben und unverblichenem Golde leuchtenden kleinen Produkte einer fleißigen und soliden Kunstarbeit. Außerdem verbinden sie die kräftigen Effekte des rein Dekorativen apart und lustig mit der freien erzählerischen Phantasie der Griffelkunst; sie wirken durch ganze Bände, ja durch ganze Bibliotheken hindurch gleichmäßig und einheitlich schmückend, und dennoch sind sie zumeist von verblüffend lebendiger, individueller Laune und Erfindung überquellend voll. Sehr schöne Initialen fielen mir in der Certosa di Pavia, im Museum von San Marco und der Sakristei von Santa Croce in Florenz und in der Certosa di Val d'Ema auf. In Santa Croce stach mir, als ich eben im Begriff war, die flüchtig betrachtete Sakristei wieder zu verlassen, beim Vorübergehen in einem der Schränke plötzlich etwas aufleuchtend Farbiges ins Auge. Ich trat näher und fand einige Pergamentblätter mit gemalten Initialen aufgeschlagen daliegen. Sie hatten eine Wand voll prunkhaft goldgestickter Priesterornate zum würdigen Hintergrund. Da war namentlich ein riesiges lateinisches P, der Anfangsbuchstabe einer Liturgie, das mich fesselte.

Der Buchstabe hebt sich in schönem Umriß blau mit rot und grünem Blätterornament vom goldenen Grunde ab, das Gold selbst ist nur durch eine schmale schwarze Leiste eingefaßt, und diese Leiste ist wieder von einem in Orangegelb ausgeführten Ornament durchflochten. In die fast kreisförmige Rundung des P ist der Drachensieg des heiligen Georg gemalt. Der ganze Horizont wird hier auffallenderweise durch ein fleißig gearbeitetes Stadtbild mit Mauer, Giebeln und zwei Toren gefüllt, während sonst die Miniaturisten für solche Darstellungen ungern auf die kräftig dekorative Folie eines leuchtend tiefblauen Himmels verzichten. Den Mittelgrund des Bildchens füllen einige graue, mit einzelnen Pflanzen bestandene Hügel, die schroff gegen eine dunkelgrüne, prachtvolle Wiesenfläche des Vordergrundes abfallen, auf welchem Ritter, Jungfrau und Drache in lebhafter Zeichnung und starken Farben hervortreten. Hier ist nun jedes Detail mit liebevollster Sorgfalt ausgeführt. Der Heilige reitet ein fahl lilafarbenes Roß, das mit blauen Strängen gezäumt und rot mit gelbem Riemenwerk gesattelt ist. Der zierlich geschweifte Sattel ist mit weißen, sternförmig geordneten Punkten umsäumt. Der Drache, dem der Spieß des Reiters eben den Rachen durchbohrt hat, blickt grimmig und mit verdrehtem Halse zu seinem Feind empor, während sein starker Schweif ein Hinterbein des Rosses krampfhaft umringelt. Das Pferd setzt, um sich zu befreien, den zweiten Hinterhuf auf den Drachenleib, während es vorn vor dem qualvoll grinsenden Drachenhaupt sich bäumt.

Der Ritter glänzt in kobaltblauem Reitrock, stark flatterndem rotem, lila gefüttertem Mantel, kurzer gelber Hose und roten Ritterschuhen mit blauen Sporen. Seine Linke hält den weißen Schild mit rotem Kreuz, seine Rechte die siegreiche Lanze. Das jugendlich milde Gesicht umrahmt der keimende blonde Bart. Etwas zur Seite steht die Jungfrau, zarte weiße Hände betend zusammengelegt, in rotem Kleide und blauem Oberkleid mit blaßroten Ärmeln und goldstoffenem Gürtel. Lange blonde Haare umrahmen das fromme stille Gesicht.

Das Schönste am Ganzen aber ist eigentlich die Wiese des Vordergrundes, satt dunkelgrün, von blauen und orangefarbenen Blumen durchglänzt. Mehr noch als das Gesicht und die gefalteten Hände der Jungfrau ist dieses grüne Feld vom Zauber der Weltferne und des harmonisch friedlichen Daseins erfüllt; ein Hauch von Wärme und Sommer liegt darüber, der etwas Besänftigendes und auch Heimwehweckendes hat.

In der Certosa di Val d'Ema fragte ich den greisen

Mönch, der mich führte, warum seit so langer Zeit in seinem Kloster keine solchen Sachen mehr gemalt würden. Er lächelte gutmütig, wies mit der Hand auf die offen daliegenden Pergamentblätter und sagte: »Unsere Gäste haben danach noch nie gefragt. Was nicht fünf Jahrhunderte alt ist, interessiert sie nicht.«

Und nach einer Pause fügte er, während er die Bibliothektüre verschloß, hinzu: »Sie verachten uns! Sie verachten uns ebenso wie sie unsere Vorgänger bewundern.«

»Sie verachten vielleicht in euch ihre eigene Zeit und vielleicht sich selber«, sagte ich zum Abschied.

»Wer kann das wissen?« lächelte er und führte mich die breite sonnige Treppe zum Hof hinab. [1901]

Certosa di Val d'Ema

Der Mönch an seiner Pforte tut mir leid:
Er sah mir nach, wie ich am hohen Stab
Mich schwang den abendlichen Berg hinab,
Und seine Blicke redeten von Neid.

Und ich betrachtete sein keusches Kleid
Und lauschte seiner Glocke sanftem Lied.
– Er weiß nicht, daß von seiner Pforte schied
Der fremde Wanderer mit stillem Neid.

Prato ist ein famoses Städtchen

Aus dem Reisetagebuch

20. 4. 1901

Um 12 Uhr ließ mir das herrliche Wetter keine Ruhe mehr, ich verließ die [Gemälde-]Galerie und fuhr nach Prato. Fahrt durch lauter Wiesen, Sonne und Frühling. Prato ist ein famoses Städtchen, alt, solid, eine echte toskanische Landstadt, mit viel alten, engen Gäßchen, wie sie in Altflorenz sind. Ich aß äußerst reichlich zu Mittag, mit Wein für 1 Lira. Der Wirt sprach viel mit mir über deutsche und hiesige Weine etc. und gab mir zum Schluß gratis ein Glas süßen Weißen (Aleatico) zu trinken, da ich an der Güte der toskanischen Weißweine gezweifelt hatte.

Kirche Santa Madonna delle Carceri interessant, doch nicht schön.

Die Menschen hier sind behaglich, neugierig, unterhaltend und gutmütig. Ich trieb mich den ganzen Nachmittag auf den Straßen und Plätzen herum, plauderte mit Weibern und Kindern, guckte in reizende Gärten und alte Höfe hinein und fand das echteste italienische Leben, das ich bis jetzt sah. Der Gegensatz dieses zufrieden behaglichen Landstädtchens zum gestern gesehenen lärmigen Livorno ist enorm.

Der schlichte kleine Dom ist hübsch; die prachtvolle Erkerkanzel macht einen ganz aparten Eindruck, zugleich großartig und heimelig. Im Chor des Domes Fresken von Fra Filippo, zum Teil leidlich erhalten und schön, besonders der Tanz der Herodias, sie selbst eine herrliche Figur. Das Dominnere ist von schlichter

Schönheit, drei gewölbte Schiffe, schöne Kanzel. Bei San Niccolò plauderte ich am Fenster mit einer schönen schwarzen Frau und einigen Nachbarn. An Kirchen ist auch in Prato kein Mangel: ich sah, ohne zu suchen, sieben. Auf einer Piazza waren Ballspieler, davon einer ein wahrer Künstler; ich sah lange zu und nahm ein wenig teil. Von den Kirchen sind manche mit dem grünen Marmor von Prato hübsch bekleidet. San Francesco hat hübschen Kreuzgang mit einer bemalten Kapelle, aus der man durch die Sakristei wieder in die Kirche kommt.

Tagebuchnotiz aus Pistoia

22. 4. 1901

Zehn Uhr früh Abfahrt nach Pistoia. Dort zuerst Besuch von San Giovanni Fuoricivitas, alte, äußerst interessante Kirche. Dann zum Domplatz, wo mehrere wichtige alte Gebäude beisammenliegen. In einer Seitenkapelle des Domes Lorenzo di Credis wundervolle Madonna mit zwei Heiligen, ein Bild von höchster Anmut, in dem auch das schmückende Beiwerk (Loggia, Thron und Teppich) vollendet gemacht ist. Das bauliche Innere des hübschen Domes enttäuscht, da stark verunstaltet. In der ganzen Stadt spürt man durchgehend den beherrschenden Einfluß der Pisaner Kunst. In der Vorhalle des Domes einige gute della Robbia. Der Hof des Palazzo Pretorio ist famos, wuchtig und doch nicht plump, schwere, bunt mit Wappen bemalte Gewölbe. Ebenso Treppe und Hof des Palazzo del Comune, mit guten geschmiedeten Laternen und schönen gotischen Fenstern. Links neben der Treppe des II. Stocks ist ein Restchen Fresko erhalten, ein gut gemalter Engel. In dieser Weise findet sich verschollen und verkleistert hier vielerlei Hübsches. Von flotter farbiger Wirkung ist der große lebhafte Tonfries von Andrea della Robbia am Ospedale Del Ceppo. Ich besah die Menge alter Kirchen meist nur von außen, betrachtete aber doch das uralte San Andrea mit der prachtvollen Kanzel innen genauer – in dieser Kirche ergriff mich der Zauber der alten Kunst mehr als je sonst. Pistoia ist ein stilles Städtchen, scheint wohlhabend, in schöner, bergiger, fruchtbarer Gegend.

Bologna

Aus dem Reisetagebuch

29. 4. 1901

Die Stadt macht den Eindruck behaglichen Reichtums; alle Straßen haben Arkaden. Ich tat noch einen Gang über die zwei überaus schönen Plätze in die Riesenkirche San Petronio, die besterleuchtete so große Kirche, die ich je sah, durch große Dimensionen wirkend. Schön sind die Skulpturen des Haupttors, besonders die Pilasterreliefs. Dann betrat ich den bunten schönen Säulenhof des Museo Civico, besuchte aber das Museum nicht. Der Dom ist nüchtern. Das Gehen auf den schönen, sehr belebten Straßen mit den Arkaden ist hübsch, die ganze Stadt anmutend und apart. Ich ging zu den zwei schiefen Türmen, die recht wahnsinnig aussehen; doch ist der höhere ganz malerisch. Nebenan barocke Kirche San Bartolomeo. Die berühmte gute Küche von Bologna bewährt sich. Nach Tisch Akademie: Raffaels Cäcilie macht mir den erwarteten ganz großen Eindruck nicht. Die guten Sachen der Sammlung sind im Korridor beiseite gesetzt. Der Wärter zeigt einem ganze Säle voll Guido Reni, Carracci etc. und sagt dann bei den wenigen guten alten Sachen (u. a. ein Giotto): questo non merita la pena.* Wundervoll ist die große Madonna von Perugino. Im Korridor eine kleine, schön alt gerahmte Madonna von Van der Goes. Dann Besuch in San Giacomo Maggiore mit Bentivoglio-Kapelle, alles

* Es lohnt die Mühe nicht.

Eindrücke zweiten Ranges. Dafür sind die heimelig hübschen, belebten Straßen von großem Reiz. Der künstlerische Eindruck der Stadt hat etwas protzig Unechtes, man sieht auch auffallend viel gemalte Architektur. Das Reizendste, Heimeligste und Sonderbarste von Kirche, was man sich denken kann, ist Santo Stefano, eine Gruppe von sieben ineinandergehenden Kirchlein, mit einem alten, engen, romantischen Kreuzgang und einer Menge famoser Gänge, Winkel etc. Sobald man sich den Florentiner Kunstmaßstab abgewöhnt, ist Bologna entzückend. Ich weiß keine andre so große Stadt, die (à la Bern) so viel Charakter hat. Nett ist besonders, daß die Arkaden auch in den ganz modernen Straßen und Häusern durchgeführt sind. Dann ist eine Menge malerischer Patrizierhäuser da, oft mit schönen Höfen und Gärtchen. Auch mein Gasthaus ist ein alter Bau mit wunderlichem Hof und fabelhaften Treppen ab und auf, alles eng, dunkel, apart und altmodisch behaglich. Die Straßen haben ziemlich großstädtisches Leben, große Lädenreihen etc. Die alte, aus so vielen romantischen Novellen lieb bekannte Universität ist still, ernst und abseits, macht einen anmutenden Eindruck . . . Vor der Abfahrt bummelte ich in den schönen Anlagen mit prächtigen Platanen, wo auf allen Steinbänken Schachfelder aufgemalt sind und manche Damespielpartien gemacht werden, Spieler und Zuschauer voll italienischen Eifers.

Padua

Fast eine deutsche Stadt, so eng gebaut,
Gassen und Giebel dämmerig vertraut.

Hier möcht ich Stunden, Tage, Wochen viel
Verträumen und verschlendern ohne Ziel.

Hier möcht ich sorgenlos an schöner Brust
Vertändeln einer leichten Liebe Lust.

Hier möcht ich bleiben – wäre drüben nicht
Ostwärts die freie Luft so seltsam licht.

Dort weiß ich warten zauberhaft und hell
Mein Ziel – Venedig! Und ich reise schnell.

Padua, das Reiterdenkmal des Gattamelata von Donatello vor dem Dom des heiligen Antonius.

Eine der charakter- und stimmungsvollsten Städte

Aus dem Reisetagebuch

Padua, 1. 5. 1901

Padua ist reizend heimelig, noch viel mehr als Bologna, eine malerische Stadt mit vielen Arkadenstraßen etc. Famos die zwei Plätze Erbe und Frutti, durch den großen Salone getrennt, einen mit Ausnahme des Daches flotten Bau. Der Dom ist hell und ohne Reiz. Vom Dom ging ich durch entzückende Höfe und Hallen zur Piazza dell'Unità mit schöner Loggia, in der ein schauerlicher Vittorio Emanuele* steht. Dort ist auch der Palazzo del Capitano nebst antiker Säule, alles malerisch, voll Stimmung. Dann die Menge kleiner alter Brücken, der Sarkophag des Antenor etc. Ich betrat den Kreuzgang von San Francesco, einfach und hübsch. Dann, nachdem ich manche hübsche Häuser und Höfe besehen, zur Piazza del Santo, wo vor der großen protzigen Antoniuskirche der schlichte stolze Gattamelata** steht. . . Die Kirche ist ungeheuer reich. Die Cappella del Santo das erste schöne Stück Hochrenaissance, das ich sehe. Der Sarg des Antonius wird fortwährend unter Gebeten berührt und geküßt. Auch ich berührte ihn und legte ein Almosen in die Büchse. Nächst der Kapelle sind nebeneinander ein Grabmal im Barockstil und eines der Frührenaissance, wobei die schlichte Schönheit des letzteren neben dem theatralischen Pomp des Barock auffallend ins Auge sticht. Die

* Denkmal des damaligen Königs von Italien. ** Reiterstatue von Donatello.

Hochreliefs in der Antoniuskapelle sind zum Teil sehr gut, auch Altar und Schranken des Chors. Auch das Grabmal des Pietro Bembo interessiert mich. Die gotischen Kreuzgänge sind einfach und hübsch; ich besah sie und stieg auch zur Bibliothek hinauf. Dann spazierte ich ins Grüne hinaus, durch Wiesen und Gärten, und kehrte bei Santa Giustina in die Stadt zurück. Diese Kirche hat imponierende Verhältnisse, ist sehr licht. Sie liegt an der großen Piazza Vittorio Emanuele, die schöne alte Platanen hat. [Große Eindrücke von Kirchen-Interieurs fand ich eigentlich nur in der Certosa di Pavia, in Pisa und Pistoia, in Florenz vom Dom, doch wirkten auch diese auf mich selten so stark wie deutsche gotische Kirchen. Anders freilich die Paläste von Florenz und Venedig, denen ich nichts an die Seite zu setzen weiß.] Ich sah eine Menge schöner Palazzi, durch deren Tore man zuweilen in prächtige Gärten blickte, dann den flotten Hof der Universität . . . Nach Tisch besuchte ich S. Eremitani, mit der Kapelle der zum Teil glänzenden Mantegnafresken, für die ich gutes Licht hatte.

21. 4. 1913

Das schöne Land, der Reichtum an Architektur und Malerei, das kultivierte liebenswerte Volk zieht mich immer wieder stark an. Die selbstverständliche schwungvolle Schönheit des Lebens, der musikalische Rhythmus im ganzen italienischen Getriebe, die höfliche Grazie der Menschen, die Schönheit der Frauen, ihr Gang und Blick, das herrliche Bild all dieser alten, reichen, wunderbar gebauten Städte, das ist so imponierend und wird einem beim Aufenthalt jedesmal so lieb und vertraut, daß man bei der Heimkehr alles Heimische als falsch, verstimmt und unschön empfindet. Ich war diesmal in mehreren norditalienischen Städten, die ich noch nicht kannte, andre besuchte ich zum zweiten und dritten Mal: Como, Bergamo, Cremona, Mantua, Padua, Verona, Mailand . . . Dann Vicenza, über das Goethe geschrieben hat (Palladio). Ich machte die Entdeckung, daß mein Interesse nimmer so stark wie früher der Malerei nachgeht, desto mehr der Architektur und Landschaft. Padua, wo ich damals auf meiner ersten Italienreise auch war, machte mir wieder den besten Eindruck, auch als moderne Stadt, sauber und wohlhabend, mit viel Studenten. Das ist eine der wenigen uralten italienischen Kulturstätten und Universitäten, die heut noch obenan ist; schon Dante und Giotto sind einst dort gewesen. Wie Dante noch wirkt, ist erstaunlich, man sieht nicht nur wissenschaftliche, sondern auch populäre Vorlesungen über ihn angeschlagen, und eine große Società Dantesca stellt eine Art von modernem Kulturverband im Sinne Dantes dar.

Venedig: Stadt des Müßiggangs, der Liebe und der Musik

Aus dem Reisetagebuch

1. 5. 1901

Die Bahn führt auf einem Damm in die Lagune hinein. [Nichts ist so spannend als die Bahnfahrt nach Venedig, wenn allmählich die Bahn in die Lagune kommt und dann die Stadt aus dem Wasser aufsteigt.] ... Ich kam frierend bei ganz trübem Wetter an: dennoch übt die Stadt einen unsäglichen Zauber. Das Allerfeinste war eine abendliche Gondelfahrt durch einen ganz toten, engen, dunklen Kanal mit hohen Häusern: alles totenstill, kein Schritt, kein Laut als das leise Plätschern der Gondel. Wege zu Fuß zu finden, ist in Venedig im Anfang fast unmöglich. Ich schreibe dies in einem Wirtshaus und weiß noch nicht, wie ich an mein Haus kommen werde, wobei ich dann noch extra reichlich Gelegenheit habe, mich zu verirren. Die Frauen tragen hier malerische Schultertücher, die sie apart und oft etwas kokett umlegen; sie verhüllen Arme und Taille und fallen hinten mit langem Zipfel herab. Ich sah eine Menge hübscher Gesichter, alles derselbe sympathische, ruhige Typus, in denen nur die Augen Leben und Ausdruck haben und denen die schöne typische venezianische Frisur besondern Reiz verleiht ... Meine Bude liegt neben dem Theater Fenice über einem kleinen stillen Kanal.

Meer und Stadt glänzen in der Sonne. Ich beginne den Dogenpalast und San Marco zu verstehen, die mir bisher nach Bildern unbegreiflich waren, indem ich ihre komplette Stillosigkeit aus dem aparten Charakter der Stadt, aus orientalischen Einflüssen und aus dem etwas weichlichen, vorwiegend aufs Dekorative gerichteten Geschmack Venedigs erkläre. Der malerische Eindruck ist auch wirklich ganz einzig ... In Burano besuchten wir die Spitzenschule, wo man das einzige Schauspiel von etwa 200 venezianischen Mädchen mit sauberen Händen hat, die alle Spitzen nähen. Einige sind hübsch.

In Torcello besuchten wir die uralte Kirche mit Mosaiken ... Vor 7 Uhr bestieg ich in Venedig den Campanile, übersah Stadt und Lagune bei klarem Abendlicht, die Lagune wie Öl schillernd, gerade vor Sonnenuntergang.

Ankunft in Venedig

Du lautlos dunkler Kanal,
Verlassene Bucht,
Uralter Häuser graue Flucht,
Gotische Fenster und maurisch verziertes Portal!

Von tiefem Traum besiegt,
Vom Tode eingewiegt
Schläft hier die Zeit
Und alles Leben scheint so weit, so weit!
Hier will ich ganz allein
Durch alte Gassen gehn,
Bei Fackelschein
An Gondeltreppen stehn,
In blinde Fenster sehn,
Bang-glücklich wie ein Kind im Dunkeln sein.

In den Kanälen Venedigs

Venedig! Man steigt in der großen Halle des Bahnhofs aus, tritt ins Freie und hat eine breite, ins Wasser hinabführende Treppe vor sich, an welcher, wie bei uns die Droschken, die Gondeln warten. Mit dem Rufe »Gondola! Gondola!« drängen sich die zahlreichen Gondoliere auf. Man wählt sich eines der schlanken schwarzen Fahrzeuge aus, setzt sich in die weichen Polster und fährt leise mit behaglichem Wiegen in die fremde Welt der Kanäle hinein.

Beschreiber und Dichter haben von dieser eigenartigen kleinen Wasserwelt in unzähligen Büchern erzählt; ich begnüge mich, einige einzelne Erlebnisse und Stimmungen zu berichten. Venedig übte auf mich einen stärkeren Zauber aus als irgendeine andere italienische Stadt, und ich glaube, in den kurzen drei Wochen meines dortigen Aufenthaltes nach Möglichkeit in seine Geheimnisse eingedrungen zu sein.

Die Lage meiner Wohnung, von der nur eine einzige schmale Gasse mit großen Umwegen nach den wichtigeren Plätzen der Stadt führte, nötigte mich, von der Gondel sehr reichlich Gebrauch zu machen. Und eine Reihe intimer, poetischer Eindrücke verdanke ich diesen Fahrten. Schon das Fahrzeug, die schwarze, leichte, schlanke Gondel, und die lautlos sanfte Art der Bewegung hat etwas Fremdartiges, träumerisch Schönes und gehört als wesentlicher Faktor in die Stadt des Müßigganges, der Liebe und der Musik. Wer in Venedig die Kunststätten besucht, schätzt dies besonders; aus einer Kirche, einem Palaste, einem Museum tretend, verliert man meistens durch das sich aufdrängende, Aufmerksamkeit fordernde Straßenleben aus Augen und Sinn die zarteren Eindrücke, während man hier auf der Fahrt von einem solchen Orte zum andern oder nach Hause ungestört auf dem stillen Wasser das Geschehene bewahren und nachgenießen kann.

Ganz zu Beginn meiner Venezianer Tage rief ich eines Abends vom Fenster meines Zimmers aus einen Gondoliere herbei, stieg vor der Haustüre ein und gab als Ziel den Rialto an, in dessen Nähe ich zu Abend essen wollte. Es war ein schwüler Tag gewesen, ein Gewitter stand bevor. In den ohnehin durch die hohen Häuserreihen verdunkelten engen Kanälen wuchs die Dämmerung eilig. Seltsam war es, den starken Gewitterwind, vor dem unser schmaler Kanal völlig geschützt war, über die Dächer brausen zu hören, während unten kein Lüftchen rege war. Mein Gondoliere ruderte eifrig, ich hatte ihm ein Trinkgeld versprochen, wenn wir vor dem Ausbruch des Regens ankämen. Aus dem engen Kanal bogen wir in einen noch engeren, der schon fast völlig dunkel war. Eilig glitten wir den finsteren Wänden entlang, zwei, drei Regentropfen klatschten schon in das schwarze tote Wasser. Der Kanal mündete in einen anderen, breiteren, und dieser lag dem Durchzug des Windes frei, den man schon in einiger Entfernung dort tosen hörte. Wir erreichten die Mündung, der Gondoliere wollte einbiegen, wurde vom Wind zur Seite gedrängt, versuchte es nochmals und mußte nach längeren Anstrengungen die Versuche aufgeben. So warteten wir denn an der Kanalecke in vollkommen stillem Wasser, während zwei Schritte von uns der breite Kanal vom Sturm durchpfiffen und stark erregt war. Ich ermunterte den Ruderer zu einem neuen Versuch, die Biegung zu gewinnen. Auch dieser mißlang. In diesem Augenblick brach plötzlich eine fahle Helle durch die tiefe Dämmerung – der erste Blitz. Auf diesen folgte ein dichter, toller Regenguß. Ich rief dem Ruderer zu, eiligst ins Trockene zu flüchten, und wir fuhren nun so rasch als möglich im selben Kanal zurück, bis wir die nächste Brücke erreichten. Unter dem stark gewölbten, doch niedrigen Brückenbogen machten wir nun, in völliger Finsternis, halt. Die Breite der Brücke entsprach genau der Gondellänge, in der Mitte der Gondel saß ich behaglich im Dunkeln, neben mir stand der Gondoliere, das Fahrzeug an der Mauer festhaltend; zu beiden Seiten rauschte der gewaltige Regen herab. Einige beschauliche Minuten vergingen so, da kam Unterschlupf suchend, eine zweite Gondel an und legte sich neben die meinige, und nach kurzer Zeit kam in schleuniger Flucht eine dritte hinzu. Die drei Gondeln füllten den ganzen überbrückten Raum knapp aus. Man konnte einander in der Dunkelheit nicht erkennen, dennoch entstand aus vereinzelten Ausrufen und Scherzen über unsre eigentümliche Lage bald ein gemeinsames Gespräch. So hingen nun die drei Gondeln unter der kleinen Brücke wie flüchtige Vögel untergekrochen, und von Gondel zu Gondel ging in der Finsternis vertrauliche Rede und Antwort hin und her – eine Viertelstunde voll seltsamer Märchenplauderstimmung, geheimnisvoll und fröhlich zugleich, die mir wie ein kleines trauliches Lied mit der Begleitung des niederstürzenden Regens in der Erinnerung liegt.

Ein andermal war ich nach San Redentore gefahren

und hatte die Gondel entlassen, ohne an die Rückfahrt zu denken. San Redentore liegt auf der Giudecca, einer langgestreckten Insel, und hat keinen festen Gondelhalteplatz. Als ich nun nach kurzer Zeit die Kirche wieder verließ, fand ich keine Gondel vor. Den einzigen im Augenblick gegenwärtigen Menschen, einen Schiffsknecht, bat ich vergebens, mich nach San Giorgio überzusetzen. Das nächste Omnibusschiff sollte erst in einer Stunde kommen, und ich wurde am Markusplatz von Freunden erwartet. Da fuhr in der Nähe das Segelboot eines Fischers vorüber und nahm mich auf mein flehentliches Anrufen auf. So kam ich wenigstens einmal dazu, eine Strecke auf einem solchen Boot zu fahren, mit deren Besitzern ich in Malamocco und Chioggia manchmal geplaudert hatte und deren malerische Erscheinung am Horizont des offenen Meeres mich vom Lido aus, wo ich täglich badete, so oft erfreut hatte. Das schwere Boot mit dem braunroten Segel glitt rasch über die Lagune hin, die in opalartig mildem Glanze leuchtete, von perlmutternen Schillerfarben überflogen, und ich erreichte Venedig schneller, als ich gehofft hatte. Unterwegs verzehrte ich eine Handvoll frische Austern, die mir der Fischer aus seinem Korbe anbot, und die, vom herben Meerwasser gewürzt, mir köstlich mundeten. Es gelingt mir nicht, das zu schildern, was diese morgendliche Bootfahrt mir lieb und wertvoll macht, – ich erinnere mich ihrer als eines unschätzbaren Genusses. Wer die Lagune kennt, wie sie an sonnigen Tagen ist, wird mich verstehen: das vielfarbige Glänzen des ebenen Wassers, die gegen den tiefblauen Himmel traumhaft aufsteigende Stadt mit dem Dogenpalast im Vordergrund, der blen-

Venedig, Blick von der Piazetta.

dend leuchtende Globus der Dogoma und dahinter die elegante Kuppel der Salute, dazu der herbe Duft des Wassers, der Glanz des roten Segels und das stille Kreuzen der größeren Schiffe – das alles ist von so berückender Schönheit, daß man sich träumend glaubt und beständig fürchtet, das so unwirklich scheinende, auf dem Wasser stehende Bild der Wunderstadt möchte plötzlich wie das Irisspiel einer sonnigen Wolke verschwinden.

Auch an eine der in so vielen Liedern besungenen venezianischen Mondnächte kann ich nicht ohne Bewegung zurückdenken. Ich hatte mich stundenlang an einem klaren Maiabend auf der Piazzetta herumgetrieben; nun saß ich ausruhend am Fuß der Säule des heiligen Theodor, die stundenlang anhaltende Bläue des Nachthimmels und die Wechsel der Lichter und Schatten auf dem Wasserspiegel beschauend. Hinter den Inseln stieg, noch unsichtbar, der Mond herauf, so daß die Giebellinie der Giudecca scharf hervortrat. Die schöngeformte, tiefschwarze Silhouette von San Giorgio Maggiore stieg wie eine fabelhafte, unglaubliche Dekoration aus dem Wasser, die ganze Inselwelt hob sich vom Himmel ab mit einer traumhaft unplastischen Schönheit. Dazwischen lag das spiegelglatte, dunkle Wasser, abwechselnd in silbernen Kielfurchen und roten, zackigen Laternenlichtern flüchtig aufleuchtend. Diese ganze ungewisse, in halb sichtbarer Schönheit dämmernde Welt schien den Aufgang des Mondes wie eine erlösende Entzauberung zu erwarten. Die letzten Takte der Abendmusik klangen vom Markusplatz herüber, die helle Doppelfront des Dogenpalastes schimmerte matt, als hätte der zweifarbige

Marmor etwas von der tagsüber eingesogenen Sonne bewahrt.

Da stieg hart neben dem Kampanile von San Giorgio der große, glänzende Mond herauf. Weiße Glanzlichter sprangen über Turm und Kirchendach. Die Lagune überzog sich mit einem schwebenden milden Licht, einzelne von Barken erregte kleine Wellen blitzten mit hastigem Glanze auf. Ich sprang in die nächste Gondel und rief dem herbeieilenden Gondoliere zu, mich langsam in den Canale grande hinein zu rudern. Jenseits der Salute, in der Lagune zwischen den Zattere und der Giudecca, schwamm eine Musikbarke, deren Töne stark gedämpft noch hörbar waren. Diese Geigen- und Gitarrenklänge und das weiche Mondlicht schienen lebendiger und wesenhafter zu sein als die stillen, hohen Paläste des Kanals, die schweigend, bleich und mondbeglänzt in der warmen Nacht lagen und deren feste Giebelkonturen in den schwerblauen Himmel zerflossen. An einem dieser Paläste waren drei Fenster erleuchtet, aus denen der Gesang einer schönen Frauenstimme drang. Ich ließ die Gondel halten und gab mich eine Weile dem Genuß dieses Gesanges hin, der sich mit Nacht und Mondlicht zu verschwistern und eigens dieser weichen, schönen Stunde anzugehören schien. Dann fuhr ich zur Piazzetta zurück und gab als nächstes Ziel San Giovanni e Paolo an. Die Gondel glitt durch stille, schlafende Kanäle, unter der Seufzerbrücke hindurch; die Rufe des Gondoliere, durch die an den Kanalbiegungen etwa entgegenkommende Gondeln zum Ausweichen aufgefordert werden, diese dem Fremden schwer verständlichen, halb gesungenen Rufe verklangen in die Totenstille der

Venedig, Blick auf die Kirche Santa Maria della Salute.

nächtlichen Gassen und Kanäle. Bei San Giovanni e Paolo stieg ich für einige Minuten ans Ufer. Die kleine Piazza war mondhell, die schöne Fassade der Scuola di San Marco glänzte auffallend hervor, das wundervolle Reiterstandbild des Colleoni stand ernst und wuchtig gegen den Himmel. Das gewaltige Denkmal des fünfzehnten Jahrhunderts steht mit seiner trotzigen Schönheit im wunderbaren Kontrast zum übrigen Venedig, dessen Schönheit durchaus weich und musikalisch ist, und dieser Gegensatz fiel mir heute ganz besonders auf.

Von allen Städten, die ich in Italien besuchte, ist mit Ausnahme Ravennas Venedig diejenige, die am meisten zu traurigen Gedanken über den Untergang eines großen Ehemals reizt, dennoch ist sie reicher als jede andere an Schönheiten, die ihr durch die Jahrhunderte unverändert geblieben sind. Geblieben ist ihr der Zauber eines durchaus abgesonderten, eigentümlichen Lebens, der Glanz der Lagune, die Schönheit seiner Frauen und die ganze verlockende Poesie der Gondel. Auch fand ich nirgends sonst eine solche Einheit des heutigen Lebens mit dem Leben, das aus den Kunstwerken der goldenen Zeit Venedigs redet und in welchem Sonne und Meer wesentlicher sind als alle Historie. [1901]

Piazzetta

Wie wenn auf grünem Teppich leise rollt
Ein blanker Münzenschatz von altem Gold,
So glänzt der grünen Wellen sanfter Lauf
In tausend kleinen goldnen Feuern auf;
Dazwischen spielend, von der Flut gescheucht,
Des späten Abends violett Geleucht
Und mitten inne wie ein fürstlich Siegel
Des goldnen Riesenglobus scharfer Spiegel.
Der nahen Inseln Kirchengiebelkette
Starrt blauschwarz auf in strenger Silhouette,
Dahinter schon – man ahnt, doch sieht es nicht –
Des jungen Mondes scheues Silberlicht.
Vom Markusplatz kommt irrend und gedämpft
Musik herüber, die im Winde kämpft,
Bald taktelang mit klarem Ton erklungen,
Bald ganz vom Laut des Wellenschlags bezwungen,
Der wechselnd an die Gondeltreppe tönt
Und oft mit raschem Schaum die höchste krönt.
Was Herbes meine Seele je bedrückt,
Ist hin, ist fern, in Traum und Lied entrückt,
Und was von Not und Qual ich mitgebracht,
Verklingt großtönig in die schöne Nacht.
Ein heimlich weiches Wohlsein überschleicht
Mich schmeichlerisch; der Seele Sehnsucht weicht
Und löst sich zart wie eine Wolke zieht
Zu reinem Wohlklang auf, zu Traum und Lied.
Der schönen Stunde leicht besiegte Beute,
Nimmt mich in seinen Schoss ein reines Heute.

Venedig

Ein Frühlingsabend. Meine Gondel sucht
Mit halbem Rauschen ihre leisen Wege
Durch der Kanäle dämmernd enge Flucht.
Ich wiege mich im weichen Sitz und lege
Den Arm ausruhend auf den schmalen Bord,
Indessen meine Seele süß verwirrt
Nach einem neu geahnten Zauberwort
Sich müde sucht und ganz in Traum verirrt.

Dennoch nicht rasten will ich und nicht weitergehen,
Eh' ich auch dieses Zaubers Kern erkannt,
Dem schönen Wunder auf den Grund gesehen
Und seines Rätsels Ziel und Lösung fand.
Dann aber wird von unsagbaren Dingen
Mein Mund zu sagen wissen und zu singen.

Die venezianische Gondel

Wie ein Lied, zur Dämmerung gesungen,
Treibst du still, vom Tage müd gemacht,
Wiegst dich leicht und gleitest schöngeschwungen
Milden Taktes in die warme Nacht.

Deiner schlanken Form Geheimnis liegt
Weit zurück, von Sagenduft umfangen,
Spielerisch ins Heute hergewiegt
Aus den schönern Zeiten, die vergangen.

Aus dem namenlosen, schweren Sterben
Der versunkenen Vergangenheit
Wird sich deine Bildung stets vererben,
Rätselhaft und schön und unentweiht.

Späte Gäste wirst du noch entzücken,
Wenn nicht Kirche noch Palast mehr steht,
Und die trauernde Lagune schmücken,
Bis die Stadt Venedig untergeht.

Die Lagune

Niemals hat die Lagune von Venedig sich meinem Auge so glücklich entschleiert wie an einem Vormittag im Mai, den ich fast ausschließlich ihrer Betrachtung widmete. Ich kenne nichts Beglückenderes als die Stunden, in welchen ein merkwürdiges Stück Natur oder Kunst sich dem Auge zum erstenmal so klar und durchsichtig darbietet, daß die aufmerksame Betrachtung dem schaffenden Geist der Schönheit unmittelbar auf frischer Spur zu folgen vermag. Landschaften, Wolken, Bilder, an denen wir oft mit unbewußter Freude vorübergingen, enthüllen in solchen Augenblicken plötzlich und überraschend den in ihnen wirksamen Schöpfergedanken. Dann ist es dem geübten und fleißigen Beschauer vergönnt, im glücklichen Belauschen und Verstehen an dieser Schöpfung so teilzunehmen, daß er dem schönen Objekt gegenüber selbst das Gefühl des Erschaffenden hat. Es ist genau dasselbe Glücksgefühl, das ein Buch, eine Musik in der Stunde des vollkommenen Verstehens gewährt; dann ist das Kunstwerk dein Eigentum und du selbst bist der Dichter.

Die Kirchentüre von San Sebastiano schloß sich hinter mir, und ich trat ins Freie. Dort war mir plötzlich Paolo Veronese verständlich und liebgeworden, dessen Werke noch mehr als die der andern Venezianer der heimischen Luft und Umgebung bedürfen, um völlig genossen zu werden. Dieser Genuß, den mir die Säle des Palazzo Ducale nur erst teilweise erschlossen hatten, war mir nun in ganzer Fülle in San Sebastiano zuteil geworden, wo um das Grab des Malers her eine Anzahl seiner üppig farbigen Werke von Wänden und Decke glänzt. Von der Lagune kommend, das Haar noch feucht vom Wasserduft, muß man diese Werke besuchen, während vor der Tür die Gondel wartet; dann erscheinen sie wie sorglos schöne, weiche Träume, reich und rechenschaftslos aus der schlummernden Fülle der Lagunenstadt aufgestiegen, dann reden sie ihre echte Sprache, die Sprache der unbekümmerten Lebensfülle, der Schönheit und des Genusses. Ganz Venedig spiegelt sich in ihnen, die Welt der flüssigen Konturen, der träumerischen, vom Wellenschlag begleiteten Musik, die Welt des süßesten Schmelzes, der in mattblauem Gewässer sich spiegelnden Abendröten, der Welt, welche vor den Stürmen des Landes durch ihren Wassergürtel und vor den Stürmen des Meeres durch den Gürtel ihrer Inseln gesichert, sich im Genuß einer reichen Gegenwart wiegt. Man begreift die mageren, melancholischen Engel der früheren Toskaner und alle Bilder der großen Meister, in denen Armut, Kampf des Lebens, rauhe Natur, Tod und Leid geschildert sind, nicht mehr, solange man unter dem einseitigen Eindruck dieser üppigen und glänzenden Kunst steht.

Von San Sebastiano aus erreicht die Gondel in wenigen Minuten die Lagune, welche dort Canale della Giudecca heißt. Die Giudecca liegt gegenüber. Über ihre lange Häuserreihe ragen die Kirchen Eufemia und Redentore auf, rechts führt an der Sacca Santa Biagio vorbei die Dampferlinie nach Furina, links schließt San Giorgio die Aussicht. Ich befahl dem Gondoliere, langsam dem Ufer entlang nach rechts zu fahren. Es war ein kristallheller, durchsichtiger Sonnenmorgen, ganz dünne, schneeweiße Flaumwölkchen standen in einzelnen langen Streifen am hellblauen Himmel, dessen Farbe bis an den Horizont herab noch dunstlos rein war. Das Wasser, von einem leichten Windhauch kaum sichtbar bewegt, war auf lichtgrünem Grunde von wunderbaren Farbenspielen überflogen, die meine ganze Aufmerksamkeit fesselten. »Langsam! Noch langsamer!« rief ich wiederholt dem Ruderer zu, bei Santo Spirito endlich ließ ich ihn haltmachen und winkte ihm nur noch jeweils, die Gondel nach rechts oder links zu wenden, je nachdem ein auffallender Reflex mich anzog.

Das Wasser der Lagune, dessen Grundfarbe ein der Rheinfärbung sehr ähnliches Hellgrün ist, hat durchaus die Lichtqualitäten matter Edelsteine, namentlich des Opals. Die Spiegelung ist sehr unscharf, starke Lichter dagegen erwecken auf der scheinbar stumpfen Oberfläche wahrhaft überraschende Reflexe. Man ist erstaunt, diese milchig matte Fläche so enorm lichtempfindlich zu finden. Die Sonne verlieh ihr einen gleichmäßig matten Glanz, der aber an Stellen, die von Schiffen oder Ruderschlägen erregt wurden, in blendenden, goldenen Feuern aufloderte. Aber auch die unbewegte, fast spiegelebene Lagune war unaufhörlich farbig belebt, und zwar ganz anders als das offene Meer, indem auch die lebhaftesten Farben nie die transparente Klarheit des Meerwassers annahmen, sondern alle wie durch einen gemeinsamen milchweißen Grund gedämpft und ins Zartere, Differenziertere, Flüchtigere getönt waren.

Venedig wäre nicht Venedig, wenn es im freien

Meere läge; an jenem Morgen empfand ich den enormen Unterschied von Meer und Lagune. Die leuchtend frischen, jubelnden Farben des bewegten Meeres würden Venedig seinen eigensten Schmuck rauben: das Verschleierte, Traumhafte, verborgen Schillernde der Farben. Es ist kein Zufall, daß so viele Venezianer, namentlich der brillante Crivelli und später Paris Bordone, in ihren Gemälden mit besonderer Liebe und mit vollendetem Raffinement den verfeinerten koloristischen Reizen der Edelsteine, des Atlas, des Sammet und der Seide nachgingen – sie hatten auf der Lagune stündlich dieselben Farbenreize eines aparten Materials vor Augen.

Am häufigsten fiel mir das durch jeden Licht- und Bewegungseinfluß leicht hervorgerufene Spiel der Irisskala auf, das wie ein Hauch zart und scheu über jede kleinste Wogenhöhung hin erschauert. Ich belauschte den flüchtig schönen Hauch unzählige Male. Dann ward mir durch das langsame Vorbeifahren eines großen, frisch mit Zinnober gestrichenen Lastschiffes ein ganz köstlicher Genuß. Das durchdringende Rot drängte sich dem sonst schlecht spiegelnden Wasser fast gewaltsam auf und glänzte unvermischt und unverändert aus den Wellen zurück, in der Harmonie grünlichblauer, unsicherer Perlfarben der einzige feste, grelle Ton.

Die Lagune als Ganzes aber hat noch ein wichtiges Farbenmoment, das sich von meinem niederen Augenpunkt aus nicht beobachten ließ. Das sind die sumpfigen Stellen und Schlammbänke, auch bei hohem Wasserstand kenntlich durch die sie umgebenden hohen Pfosten, deren Linie den Schiffen die fahrbare Bahn bezeichnet. Schon vom Schiff aus fällt ihre vom tiefen Wasser abweichende Färbung auf, am besten beobachtet man sie, wie überhaupt die Lagune im ganzen, vom Kampanile von San Giorgio Maggiore aus. Bei trübem Wetter erscheinen sie meist rostbraun, auch schmutzig graugrün, bei Sonne aber liegen sie als schimmernd farbige Inseln in der einheitlich grünen Lagune. Sonne und Wolken verändern ihre farbige Erscheinung sehr rasch, daher ist es ein eigenartiger Genuß, sie bei klarem Himmel aus der Höhe jenes Kampanile zu betrachten. Von dort aus sah ich sie in mattem Braunrot, in kräftigem Karmin, die entfernteren in blauen Tönen bis zum sattesten Violett.

Ich stand einmal in einer glänzenden Mittagsstunde dort oben, die helle Stadt mit ihren drei grünen Baumgärten lag schweigend in der heißen Sonne, die Lagune, von bunten Segeln bevölkert, schimmerte matt, die Schlammbänke brannten in unbeständigen, kräftigen Farben. Mehr als alle Kunstgenüsse lag diese leuchtende Stunde und jene vormittägliche Lagunenfahrt mir im Sinn, als ich am Ende meiner Reisezeit schweren Herzens von Venedig und Italien Abschied nahm. [1901]

Barcarole

Spiegellichter flackern hin und wider,
Meine Barke wiegt sich breit und schwer
Über der Lagune auf und nieder,
Laut am Lido singt und schreit das Meer.
Meine Segel sind entschlafen
In der warmen Mittagsglut,
Meine Wünsche sind im Hafen
Und mein Ruder ruht.

Starkes, wunderliches Leben!
Meine Stirn hast du versengt,
Stürme hast du mir gegeben
Und mich aus der Bahn gedrängt.
Trotzig hast du mich im Sturm gefunden,
Spottend sah ich dir ins Angesicht;
Doch dem Zauber deiner Feierstunden,
Deiner Koselieder widersteh ich nicht.

Träumend hängt mein Blick am Himmelsbogen,
Wo ein Wolkenflug sich seewärts schwingt,
Träumend lausch ich auf den Chor der Wogen,
Der mir Frieden in die Seele singt.
Meine Segel sind entschlafen
In der warmen Mittagsglut,
Meine Wünsche sind im Hafen
Und mein Ruder ruht.

Ein Stadtrundgang mit Hesses Reisetagebuch

Der Markusdom

3. 5. 1901

Früh ging ich in die Markuskirche. Es war hohe Messe, und zwischen die Liturgie des Priesters erklang zuweilen ein Chor und eine Orgelmusik so auserwählt, rein, ergreifend und vollkommen, wie ich noch nichts gehört. Dieser Gottesdienst in der dämmerigen, von Gold und Reichtum strotzenden Prachtkirche war von einem Pomp und einem Eindruck ohnegleichen. Eine Menge Prälaten, der Erzbischof und andre Priester in teilweise sehr reichen Meßgewändern, einige schöne greise Klerikerköpfe dabei. Die Kirche selbst ist mit fabelhaftem Luxus ausgestattet, die ganzen riesigen Wände von Pfeilerhöhe an, Decken und Kuppeln alles von Goldmosaik, Fußboden und alles reichste Arbeit und edles Material. Die Mosaiken sind alle nicht so edel wie die viel älteren in Ravenna, aber so prunkvoll und in so verblüffender Masse und Ausdehnung da, daß man beim ersten Anblick sprachlos ist. Die deutschen Bierbäuche freilich nicht – dieser Pöbel klatsche mitten in all der Pracht und trotz des Gottesdienstes weiter. Wie gemein so ein feister deutscher Kommerzienrat neben einem italienischen Bettelbuben aussehen kann! Ich bestieg die Galerie, die durchs Innere der ganzen Kirche geht und konnte nun bequem Mosaiken betrachten. Es sind einige alte, byzantinische da, namentlich einige Engel und eine hübsche Flucht nach Ägypten. Neben diesen kann man die Malerei nachahmenden, späteren raffinierten Mosaiken gar nimmer

Der Markusdom in Venedig.

sehen. Sie sehen so unecht aus und sind ganz ungenießbar; doch beeinträchtigt es den dekorativen Gesamteindruck von unten kaum. Das riesige Goldfeld, das Wände, Bögen, Kuppeln total bedeckt, tut eine märchenhafte Wirkung. Dann war ich noch eine Weile auf der äußern Galerie, wo die vier herrlichen Pferde stehen und viele Tauben nisten. Links die Piazzetta mit Dogenpalast, Meer und Gondeln, rechts die von Taubenschwärmen überflogene Piazza. Davor der breite Kampanile. Ich saß hier allein in der warmen Sonne, still, nur vom Platz kam das Summen der Menge herauf und neben mir girrten die Tauben, von denen jeweils eine mir den schillernden Hals entgegenstreckt. Es war bald 11 Uhr, und ich wartete den Stundenschlag der Glockenmänner ab. Ziemlich die besten hiesigen Mosaiken sah ich dann in den Kuppeln der Vorhalle von San Marco.

Der Dogenpalast

9. 5. 1901

Die Prachtsäle machen einen herrlich festlichen Eindruck; Tintoretto und alle werden von Paolo Veronese weit überstrahlt, dessen üppige Vollkommenheit hier am rechten Platz ist. Der prachtvolle große Saal Del Consiglio, mit den zwei Globen, ist für mich mit der Erinnerung an d'Annunzio verknüpft. Als ich durch die Seufzerbrücke und die schauerlichen Gefängnisse den Palast verließ, war wieder wärmste Sonne. Schön ist es immer, wenn um 12 Uhr beim Kanonenschuß die großen Taubenschwärme aufschreckend über den Platz kreisen.

Auf der Insel San Giorgio Maggiore

3. 5. 1901

Später ließ ich mich nach San Giorgio Maggiore übersetzen. Die schöne Kirche dort hat außer dem Chorgestühl keine wichtigen Details, die Tintoretto verdienen Burckhardts hartes Urteil. Vom Campanile aus unvergleichliche Aussicht auf Venedig und die Lagune, die weit hinaus wie Öl schillert, von den tiefgrünen schiffbaren, durch Pfahlreihen bezeichneten Wasserstraßen durchschnitten. Man sieht von hier aus über den Lido weg auch das große Meer, mit Schiffen und Segeln am Horizont. Die vielfarbigen Lagunenfelder und dahinter der riesige Meergürtel, fern mit dem Himmel verschwimmend, sind einzig schön. Eigen wirken zwischen Stein und Wasser die drei einzigen größeren Gärten von Venedig. Die ganze langgestreckte Stadt gleicht von hier aus einer schlanken Riesengondel. Vor Tisch, nach der Rückkehr, fütterte ich die Tauben und wartete ab, bis meine Freunde auf dem Uhrturm 12 Uhr schlugen.

Auf der Giudecca-Insel

8. 5. 1901

Um 10 Uhr nahm ich den Dampfer nach der Giudecca. Dort vor San Redentore lag ein großes rot gestrichenes Segelschiff. Der Reflex des Zinnober in der mit Tang bedeckten Lagune ergab einen tief braunroten, mit grünen Wellengipfeln durchsetzten satt schönen Ton. Es gab ein famoses Farbenbild, als an diesem roten Schiff und Strand eine Fischersfrau in grünem Rock und grauem Schultertuch vorbeiging, die ein grellgelb gekleidetes Kind auf dem Arm hatte. Dahinter viele Segel und jenseits die edle Kuppel von San Salute. San Redentore hat eine auffallende, schöne antike Fassade mit Halbsäulenordnung und Pilastern, durch die Barockskulpturen entstellt. Das Giebelfeld ist zum Glück leer. Das einschiffige Innere mit Chor und Seitenkapellen ist licht und edel gedacht, doch bleibt die kahle, flach gewölbte Decke störend; die hübschen kleinen, je durch zwei mächtige Halbsäulen gefaßten Nischen sind durch entsetzliche fingierte Statuen verdorben. Auch hier zwei Bilder von Tintoretto, die stark enttäuschen. Außer den paar großen Akademiebildern und den Florentiner Porträts fand ich von Tintoretto fast nur Oberflächliches. Die Kreuzabnahme vom jüngern Palma ist mir von den Bildern in Redentore noch das liebste, obwohl die Magdalenenfigur die Komposition stark durchbricht. Als ich zurück wollte, war das Schiff schon fort und keine Gondeln da, und ich mußte mich in einer Kohlenbarke nach San Giorgio übersetzen lassen, woran drei Stuttgarter Damen teilnahmen, gebildete nette Landsleute. Von da nahm ich [eine] Gondel zur Piazzetta. Den Dogenpalast kann man nur hier, vom Meer aus, verstehen, indem man seine auf den Kopf gestellte Architektur als eine Art Pfahlbau nimmt.

Die Kirche Santa Maria della Salute

11. 5. 1901

Ich kam bald zur [Santa Maria della] Salute, die mit stolzer Treppe beherrschend am großen Kanal liegt. Das Innere ist von klassischen harmonischen Verhältnissen. An der Tür eine malerisch scheußliche Bettlerin: uraltes Hexengesicht, blauer Rock, braunes Tuch, brandrotes Kopftuch. Schöner Fußboden, doch auch mit dem mir verhaßten Würfelmotiv, das auf Gehflächen irritierend wirkt, weil Plastik fingierend, wo Fläche schön und nötig ist. In der Sakristei Tizians Markus und drei Deckenbilder von ihm, sämtlich von echt Tizianschem Adel. Dort auch einige kleine alte Bildchen ohne Namen, u. a. eine kleine Madonna mit Kind und anbetenden Heiligen in reicher Landschaft, im venezianisch satten Ton. Tintorettos Hochzeit zu Kana durch Kolorit und Licht bedeutend.

Die Accademia delle Belle Arti

5. 5. 1901

Heute war ich zum erstenmal in der Akademie. Unbewußt habe ich die große Klugheit begangen, erst ein paar Tage venezianische Sonne zu sehen und hiesige Luft zu atmen, ehe ich die venezianische Malerei zu betrachten anfing. Nun verstehe ich Bellini, Giorgione, Palma, Tizian und Veronese, die mir sonst fremder geblieben wären und die ich in Florenz nicht zu schätzen wußte. Das süße, weiche Goldbraun, die satte tieftönige Luft, der ganze goldduftige Schmelz dieser Bilder ist mir nun verständlich und fesselt mich mit seiner üppig sinnlichen Schönheit. Tintoretto, den ich aus der Ferne hoch verehrte, hat hier einige gute Sachen, enttäuscht aber doch und fällt namentlich neben der naiven Sicherheit Tizians als gesucht und gekünstelt sehr ab.

11. 5. 1901

In der Akademie saß ich zunächst ganz allein vor Tizians Tempelgang, einem meiner Lieblinge. Dann war ich bei der Assunta, dem Bild der Bilder. Ich ging Tizian weiter nach und verweilte lange bei der Deposizione, die wie eine stilvoll stetig gebaute Tragödie den großen Schmerz in anschwellendem Akkorde vorträgt: ein Bild voll schmerzlicher Schönheit, bis in die bräunliche Trübung der Farbe Trauer atmend.

Die Gesuati-Kirche

15. 5. 1901

Gesuati ist eine prächtige Kirche in spätem Barock, alles war für das morgige [Himmelfahrts-]Fest höchst farbig (blau, rot und gold) drapiert. Hier ist die schöne Madonna mit hl. Klara von Tiepolo, eins seiner süßesten Werke. Von ihm auch die Deckenfresken, wie immer brillant und wirkungsvoll. Dann ein Altarbild von Tintoretto, Kreuzigung, das ihn mir wieder lieber macht, im Kolorit sehr glücklich.

Die Carmini-Kirche

15. 5. 1901

Dreischiffige, langgestreckte Kirche. Cimas »Anbetung« war schlecht beleuchtet, dennoch machte sie mir Eindruck, besonders die zarte schöne Landschaft des Hintergrundes. Tintorettos »Darstellung im Tempel« steht sichtlich unter Tizianschem Einfluß und ist noch frei von den spätern Experimenten des Malers. Der schöne Lorenzo Lotto fesselte mich sehr, er ist von weicher Schönheit und sehr fein gestimmtem Kolorit. Der Gesamteindruck auch dieser Kirche leidet unter der (kreuzgewölbten) sehr nüchternen Decke.

Die Frari-Kirche (Santa Maria Gloriosa dei Frari)

6. 5. 1901

Besuch der Frari. In der Sakristei die Madonna mit Heiligen von Giovanni Bellini, edel und lieblich zugleich, mit den zwei entzückenden musizierenden Engelchen. Dann Tizians Madonna des Hauses Pesaro, eines der großartigsten Bilder überhaupt, leider stets mangelhaft beleuchtet. Ich fuhr nun mit dem Dampfer den Kanal durch bis ans Ende, an allen Palästen vorbei, von denen der Vendramino* und der reizende gotische Cà d'Oro** mich speziell fesseln. Auch die Rialtobrücke ist von apart malerischem Reiz. Den übrigen Tag und den ganzen Abend verbummelte ich in der Stadt zu Fuß, machte vielerlei Einkäufe, ging nachts

* Der 1509 erbaute, schönste venezianische Renaissancepalast, in welchem Richard Wagner starb. ** Einer der am reichsten ausgestatteten gotischen Palazzi, von 1421 bis 1440 erbaut.

über den Rialto und freute mich überall des enorm regen Treibens in den engen Gassen.

Das Museo Civico

14. 5. 1901

Dort im schönen Hof, wo ein kleiner Goldfischbrunnen rauscht, sind einige venezianische Brunnenmündungen aufgestellt, famose Stücke, darunter einige mit ganz orientalischem Ornament. Im ersten Stock ist zunächst eine schöne Waffensammlung, auch Fahnen. Bei den Gemälden die künstlerisch fast wertlosen, doch für Sitte und Kostüm enorm interessanten Bilder von Longhi: Toilette, Familie, Tanz, Masken etc. Dann Medaillen und Reliefs. Interessant war mir die Kostümsammlung. Dann Rokokomöbel, hübsche Ton- und Glassachen, gute Emailstücke. Viel putzig geschmackloses Gerät des 17. und 18. Jahrhunderts. Entzückend ist das Bücherzimmer, darin ein paar gute Miniaturen und bei den Einbänden einige höchst reiche, gute Goldpressungen. Die berühmte Büste des Andrea Loredan ist famos. Das winzige Bildnis des hl. Antonius von Vivarini hat einen köstlichen, fast zu schweren Renaissancerahmen. Carpaccios Bild mit den zwei Weibern prägt sich mit seiner verblüffenden Gegenständlichkeit sehr ein. Schön ist der Blick vom obersten Stock auf den Kanal hinab. Dort sind Handzeichnungen, besonders alte Veduten von Venedig, auch einige Inkunabeln.

Die Kirche San Giobbe

13. 5. 1901

In Giobbe war Messe, die Kirche voll armer Frauen. Da ich jetzt daran gewöhnt bin, kniete ich eine halbe Stunde mit. Bei den Responsorien sangen manche zweite Stimme. Dann besah ich die Kirche, deren Bestes die famosen Ornamente Lombardos sind. Savoldos Anbetung war sehr dunkel – ein kühlschönes Bild. Die Sakristei besah ich, während der Priester Toilette machte. Dann kam ich nach San Geremia, einer hohen, weiträumigen Kuppelkirche. Nebenan Platz mit Palazzo Labia. Von da nach den Scalzi, einem enorm protzigen Barockbau, mit flotter Deckenfreske von Tiepolo, durchaus pathetisch aufgedonnert und ohne allen zarteren Schmuck, doch durch Reichtum und Farbe wirkend. San Simeone Piccolo war geschlossen. Ich ging noch zur Kirche S. Tolentini hinüber, die eine merkwürdige antike Vorhalle an nackter Fassade hat. Gegenüber zwei hübsche Paläste. In der Kirche schöne, hell bemalte Kuppel mit heimeliger Galerie. Baedeker schweigt unverantwortlich über viele hiesige Kirchen.

Die Kirche Santa Maria dei Miracoli

8. 5. 1901

Miracoli ist ein köstliches Kirchlein, die Wände schön marmorgetäfelt, die Decke braun, holzkassettiert mit Malerei. Die Böden, Wände, Pfeiler sind mit einer Ornamentik geziert, die ich so erlesen geschmackvoll nie sonst fand, Leisten und Füllungen, namentlich vertikale an Pfeilern, von ganz entzückender Schönheit. Keine Bilder, keine Skulpturen etc., der ganze Schmuck liegt im Material und im Ornament. Kleiner überkuppelter Chor. Altarschranke und Stufen ebenfalls im edelsten Stil verziert, einzelne Muster von klarster Schönheit.

Die Kirche Santi Giovanni e Paolo

6. 5. 1901

Ich verweilte zunächst vor der Kirche beim Colleoni*, mit dem mir Verrocchio mächtig imponiert, den ich in Florenz mehr nur zierlich gefunden hatte. In der Kirche überglänzt das Vendramin-Grabmal alles andere. Das ist ein wundervolles Renaissancestück von gewaltig edlem Ausdruck, eigentlich unvenezianisch schön. Neben der Kirche die ganz merkwürdige, schöne Fassade des Ospedale mit schönem Portal. Scuola di San Marco, mit den Reliefbändern! Die Hauptzier des ganzen Platzes ist aber der Colleoni.

Die Kirche Santa Maria Formosa

6. 5. 1901

[Zur] Santa Maria Formosa, wo Palmas heilige Barbara ist. Das Bild hat einen wunderbaren Schmelz und ganz den venezianisch goldenen Ton, alles weich und reif, Gestalt und Gebärde vornehm, fesselt zu langem Be-

* Bronzenes Reiterstandbild des Bartolomeo Colleoni, von Verrocchio begonnen, von Leopardi vollendet, auf dem Vorplatz der Kirche.

trachten. Neben der Kirche Santi Giovanni e Paolo ist eine der schönsten Brunnenöffnungen Venedigs, mit wundervollem Puttenkranz.

Die Kirche Santo Stefano

11. 5. 1901

Früh ging ich durch hübsche Gassen und Brücken und über den Campo Maurizio nach dem Campo Francesco Morosoni, wo die Kirche Santo Stefano ist. Die gotische Fassade ist hübsch. Da meine Zigarre noch brannte, betrat ich zuerst den Kreuzgang. Hier an den Häuserwänden finden sich Reste von Pordenones Fresken, ganz zerstört, doch Schönes ahnen lassend. Darunter zwei ganz reizende Gruppen von je vier Putten, oben ein Ornamentfries und gemalte Nischen mit Tugenden. Der bemalte Hof muß prächtig gewesen sein. Im Gang zwei gute Grabmäler. Als meine Zigarre zu Ende war, trat ich in die Kirche selbst. Das Grabmal Contarini (Reiterstatue), obwohl 17. Jahrhundert, ist schlicht und schön. Das kleine, ganz einfache des Arztes Suriano beste Renaissance. Ich besah Chor und Sakristei.

Auf der Gräberinsel bei Venedig

San Michele

Wie rinnt die schöne Zeit mir aus der Hand!
Einsamer Schiffer fahr' ich durch die Tage,
Durchmesse mit verschwiegner Sehnsucht Frage
Die ewige Flut und finde nirgends Land!
Heut zog mich eines dunklen Wunsches Zwang
Zur Gräberinsel. – Schauerliche Welt,
Wo Flut um Flut mit ungehörtem Klang
Am Ufer der Vergessenheit zerschellt!
Die ihr hier ruht, vergessen, unbeklagt,
Fernab der Stadt, in deren Lebensgier
Nach euch und eurer Stätte niemand fragt,
Ihr seid verwandt und liebe Brüder mir.
So wie ihr ruht, vom Leben abgetrennt,
Weitab gebettet im Bezirk der Wogen,
So bin ich namenlos umhergezogen:
Ein fremder Wanderer, den keiner kennt,
Der zu dem Leben, das so nah und heiß
Vorüberflutet, keine Brücke weiß
Und über dessen ungehörter Klage
Sich wiegt der Reigen ungenossener Tage.
Wie ihr werd' einmal ich verschollen rasten
Von meiner Pilgerschaft unnützen Lasten,
Und meiner Wanderschaft und meiner Pein
Wird nach mir nirgend ein Gedächtnis sein.

Verschäumend leckt am Strand herauf die Flut.
Du mahnst mich recht! Ja, dir, dir war ich gut,
Du liebes Meer, und jedem Winde auch,

Der dich bewegt mit seinem warmen Hauch –,
Dir, Sonne, die auf stille Inseln glüht –
Euch lieben Wolken, die ihr farbig blüht
Von Bergen her und über Meere hin!
Euch liebt' ich und verstand ich, euer Ziehn
Und großes Segeln war mir wohl vertraut,
Und auch des Sturmes regelloser Laut;
Mit euch im Zwiegespräch, mit euch verwandt
Und fahrtverbündet zog ich über Land.
Ihr liebt mich noch, ihr habt mich nicht vergessen,
Den Freund, der eurem ewigen Zuge nach
So vieler Straßen lange Flucht durchmessen,
Der euch geliebt, der eure Sprache sprach,
Dem selten nur und zwischen Fahrt und Fahrt
Für Augenblicke wohl bei Menschen ward!
– Wenn mich die Erde gehn läßt, nehmt ihr dann
Zu neuem Fluge mich als Bruder an?
Darf ich mit euch durch Luft und Wogen reisen
Und Pilgern dann die Heimwehwege weisen,
Die ich allein so lang und rastlos schritt?
Sagt ja, Geschwister, Freunde! Nehmt mich mit!

Blick vom Markusplatz
auf die Kirche Santa Maria della Salute.

In Venedig empfehle ich Ihnen . . .

17. 9. 1902

Nun gehen Sie also bald nach Italien. In Venedig empfehle ich Ihnen zum Wohnen das Gasthaus Cavaletto, ganz nah beim Markusplatz, jedem Gondoliere bekannt. Auch das Essen ist dort sehr gut und recht billig. Die im Baedeker empfohlenen Privatwohnungen sind, wenn man nur für kürzere Zeit mietet, teuer. Meine besten Wünsche begleiten Ihre Reise.

Grüßen Sie in Venedig jedes Haus von mir, speziell das ganz entzückende Kirchlein Santa Maria dei Miracoli und die etwas entlegene, aber höchst interessante Kirche San Giobbe, welche beide leider von manchen Reisenden übersehen werden. Auch den Dom auf Torcello, falls Sie dorthin kommen. Sollten Sie auch einen Tag oder zwei für Padua übrig haben, so versäumen Sie doch ja die Kirche der Eremitani mit den herrlichen Fresken des Mantegna nicht.

Sollten Sie in Venedig zufällig den Gondoliere No. 220 oder eine Fischerstochter Namens Gina Salistri treffen, so grüßen Sie vielmal von mir. Über die Stimmung der Venetianer das Turmunglück* betreffend und über den Stand der Beschlüsse und Pläne zum Wiederaufbau würde ich gerne etwas von Ihnen zu hören bekommen. Werden Sie außer Venedig auch andere Städte besuchen? Etwa Verona und Vicenza, oder einen der Seen? Mailand, das im Einzelnen so ungeheuer viel Interessantes und Kostbares besitzt, ist

* Im selben Jahr war der Campanile von San Marco eingestürzt.

im Ganzen leider eine unsympathische Stadt. Ganz anders Padua, nächst Bern eine der charaktervollsten und stimmungsvollsten Städte, die ich kenne. Das Vergnügen jeder Italienreise ist aber zweischneidig: je mehr Städte man besucht, desto weniger bleibt für die einzelne übrig, und doch möchte man keine übergehen. Mein persönliches Prinzip bei allen Reisen ist das, lieber *eine* Stadt, *einen* See, *eine* Provinz recht gründlich und im Detail kennen zu lernen, als möglichst vielerlei zu sehen. So habe ich denn auch Florenz, Ravenna und Venedig intus bekommen, aber freilich auch eine gesteigerte Sehnsucht mitgebracht, die zahllose Reihe der kleineren oberitalienischen Städte von Bergamo bis Ferrara auch noch zu besuchen.

Reisen Sie also glücklich! und lassen Sie alle Wunder der Stadt Tizians auf sich wirken!

Ravenna

Ich bin auch in Ravenna gewesen.
Ist eine kleine tote Stadt,
Die Kirchen und viel Ruinen hat,
Man kann davon in den Büchern lesen.

Du gehst hindurch und schaust dich um,
Die Straßen sind so trüb und naß
Und sind so tausendjährig stumm
Und überall wächst Moos und Gras.

Das ist wie alte Lieder sind –
Man hört sie an und keiner lacht
Und jeder lauscht und jeder sinnt
Hernach daran bis in die Nacht.

Ravenna, Mosaiken in der Basilika San Vitale.

Eindruck von Unzerstörbarkeit und Ewigkeit

Aus dem Reisetagebuch

Ravenna, 30. 4. 1901

Mein erster Gang galt dem uralten Baptisterium, dessen Kuppelmosaiken das erste Wichtige von altchristlicher Kunst sind, was ich sehe. Der Eindruck des Baptisteriums mit diesen Mosaiken ist enorm und unvergeßlich. Der Dom ist neu, hell und nüchtern, der alte Kampanile gut. Im erzbischöflichen Palais besah ich die köstliche kleine Kapelle mit wunderbaren Mosaiken.

Reizend ist der Gartenhof der Akademie, mit Lorbeer, Tannen und Rasen, auch sonst kleine Plätze mit alten grauen Häusern und romantischen Winkeln. In dem als Museum dienenden Kloster Classe viel interessante römische und etruskische Sachen, dann eine Reihe schöner Elfenbeinschnitzereien, einige schöne Siegel sowie die ornamental interessanten Panzerreste Theoderichs. Dann San Francesco mit Dantes Grab! Ich lief ziemlich in der ganzen Stadt herum. Prächtig ist San Vitale, mit reichen Mosaiken; der ganz mit Mosaik bedeckte Chor macht einen sehr reichen, blendenden und doch ernsten Eindruck. Die Kirche sieht ruinös aus, teilweise steht Wasser darin. Daneben die Kapelle der Galla Placidia, deren Mosaiken womöglich noch reicher, namentlich schönes Goldmosaik auf blauem Grund. Die ganz eigene Wirkung dieser Mosaiken beruht wohl zunächst auf dem Kontrast zwischen dem jahrtausendalten archaischen Stil und dem vollen, reichen, neuen Glanz der Farben, so daß sie einen Eindruck von Unzerstörbarkeit und Ewigkeit geben.

Vor 12 Uhr besuchte ich noch Sant' Apollinare Nuovo, wo die zwei großen Wände des Hauptschiffs von Mosaiken auf Goldgrund bedeckt sind – ganz prachtvoll! [In Sant' Apollinare auch eine kleine Kapelle mit Mosaikbild Justinians und schönem, altem, marmornem Bischofsstuhl.] Nahe der Palast Theoderichs ... Ich suchte nochmals San Vitale auf und ließ die Mosaiken auf mich wirken. Trotz alles Widerwärtigen in Wetter und Befinden nehme ich von Ravenna große und wichtige Eindrücke mit. Die Stadt selbst ist still, alt, vielfach interessant, doch ganz reduziert und verarmt.

Siena mit seinem schwarz-weißen Banner

Siena mit seinem schwarz-weißen Banner und schwarz-weißen Dom, mit seiner höchst eigentümlich-schönen Lage und Aussicht wird für die Liebhaber der kleineren italienischen Städte immer ein Kleinod bleiben. Von der modernen Geschichte kaum berührt, hat es sich wunderbar wohl erhalten und ist reich genug an Schätzen der Kunst und der Erinnerung, um auch lange Aufenthalte zu belohnen. Nun gibt es nichts Schöneres, als bei einem solchen Aufenthalt sich ein wenig um die Geschichte der Stadt zu kümmern, in Chroniken zu stöbern und dem Anekdotischen der alten Zeit nachzugehen ... Der Reichtum an alten Quellen macht diese italienischen Stadtgeschichten des spätern Mittelalters und der Frührenaissance zu merkwürdigen und ergötzlichen Fundgruben im Anekdotischen und Sittengeschichtlichen. [1914]

Der Dom von Siena.

Montefalco

Der Vorfrühling hatte mich wieder einmal über die Berge gelockt, in den Süden, und ich reiste mit kleinen Aufenthalten über Bologna, Florenz, Arezzo, auf altvertrauten Wegen, um einmal wieder ein Stück durch das grüne Umbrien zu wandern. Und eines Tages kam ich von Foligno her, wo ich an einem kleinstädtischen Maskenball zu Gast gewesen war, bei Regen und tiefem Schmutz in das Bergstädtchen Montefalco hinauf. Es liegt so kühn und sieht so fest und trotzig und kriegerisch aus, aber es ist heute einer der friedlichsten Orte der Welt, eine stille Sammelstätte der franziskanischen Kunst. Durch das alte Tor führt eine steile Gasse eng und finster bergauf, und was man sieht und woran man vorübergeht, alles ist alt, mittelalterlich, steinern, kühn und hart. Winzige Gäßchen zwischen hohen Steinhäusern ohne Bewurf, alte Türme, Tore, Kastelle, Kirchen und Stadtmauern.

Kalter scharfer Wind empfing mich auf der Höhe. Dicht in den Mantel gehüllt, sah ich ein schönes und eindringliches Bild: über altes Gemäuer hinweg ringsum die umbrische Landschaft, licht und grün, von einem gewaltigen Kreis hoher, noch mit Schnee bedeckter Berge eingeschlossen. Jeder Blick streift nah oder fern irgendeine alte berühmte heilige Stätte, da liegen Spoleto, Perugia, Assisi, Foligno, Spello, Terni, dazwischen hundert kleinere Orte, Dörfer, Kirchen, Höfe, Klöster, Burgen und Landhäuser, ein Land voll Geschichte, voll römischer und noch vorrömischer Denkmäler, durchflossen vom kleinen Fluß Clitumnus, von dem wir als Lateinschüler oft gelesen haben. Die Luft war feucht, kühl und düster. Den weiten Himmel bedeckten dichte Züge schwerer, im Hinstürmen ineinandergepreßter Wolken, von Norden klang der Donner eines Frühlingsgewitters. Einzelne fahlgelbe, grelle kurze Sonnenblitze erschienen bald da, bald dort in der riesig hingebreiteten Landschaft, ließen eine ferne Stadt, ein fernes Kloster, einen Bergrücken oder die weit entfernte Krümmung eines Flußlaufs geisterhaft aufleuchten und verschwanden nach wenigen Augenblicken. Strichweise fiel Regen, und plötzlich sprang über das ganze Land und den halben Himmel weit und stolz ein Regenbogen.

Still und staunend ging ich über den Platz, ging durch ein Tor hinaus und durch ein nächstes wieder hinein, durch Winkel und steile Gäßchen. Vor der Stadt draußen fand ich einen prächtigen Garten und darin eine einsame, zur Zeit unbewohnte und etwas verwahrloste Villa, dort ruhte ich unter alten Zypressen aus und sah auf der grünen Ebene breite Schatten und schmale Sonnenbänder wechselnd spielen. Ich sah Assisi und sah in seiner Nähe die Portiuncula liegen, heilige Orte, und alle verklärt von dem Liebreiz und Zauber, den der heilige Franz und die alte umbrische Kunst in dies Land gebracht haben.

Und dann ging ich dieser franziskanischen Kunst ein wenig nach; außer in Assisi ist nirgends bessere Gelegenheit dazu als hier in Montefalco. Ich sah in Kirchen und in Kreuzgangkapellen, über Portalen und über Altären alte Fresken voll zarter, freundlich frommer Gestalten, schöne gütige Madonnen und jünglinghafte, anmutige Heilige. Fromme Bilder aus der biblischen Geschichte und aus dem Heiligenleben, manche schwermütig ernst und manche inbrünstig demütig, andre auch kinderfröhlich und lachend.

Ich sah auch ein andres, seltsames, seltenes Bild, das ich nicht vergessen will. Ich sah in einer Kirche, die beim Spoletaner Tor liegt und deren Namen ich vergaß, eine junge Frau aus dem fünfzehnten Jahrhundert einbalsamiert und wohlerhalten in einem gläsernen Sarg liegen. Sie ist ganz in reiche Stoffe gekleidet, von ihr selbst sieht man nur das Gesicht, dessen Formen vollkommen erhalten sind. Die schöne Tote, eine Edeldame aus dem Quattrocento, gleicht sehr den Bildern aus jener Zeit, die wir kennen, den scharf umrissenen Florentiner Adelsgesichtern, wie sie Ghirlandajo und Botticelli und Filippo Lippi gemalt haben. Ein liebenswürdiger Priester, den ich unterwegs in der Stadt angetroffen und der mich geführt hatte, zeigte mir den Sarg. Er ist in einem Altar verborgen und mit vielen Laden und Schlössern verwahrt, die mein freundlicher Führer mir öffnete. Darin liegt still die schöne Tote und schläft, durch die Jahrhunderte, merkwürdig und ein wenig unheimlich und doch voll rührender Anmut. Nach ihrem Namen mochte ich nicht fragen, und ich weiß nicht, ob man ihn kennt.

Gegen Abend verdüsterte sich der Himmel von neuem, und schwere Regengüsse rauschten über die tote steinerne Stadt, in deren Mauern ich keinen einzigen Baum gesehen zu haben mich erinnere. Das Wasser rann in kleinen raschen Bächen über die glatten Fliesen durch die Gassen bergab, kein Mensch noch Tier war draußen zu sehen.

Durchnäßt und frierend suchte ich nun das einzige

kleine Gasthaus auf, wo ich ein Abendessen bestellte und als einziger Gast in einem sehr hohen, kalten, steinernen Saal saß, zu dessen hoch angebrachten zwei Fenstern kleine Steintreppen hinaufführten. Es wurde ein blechernes Becken mit glimmenden Holzkohlen gebracht und zu meinen Füßen auf den Ziegelboden gestellt. In den Mantel gewickelt, den Hut auf dem Kopf, die Füße über die kleine Kohlenglut gestreckt, saß ich da, betrachtete im unsichern Ampelschein die an den hohen Wänden aufgehängten Bildnisse der Königsfamilie und sang vor mich hin ein paar schwäbische Volkslieder in die Kälte und Dunkelheit hinein, bis der Wirt mit Wein und Essen kam.

Nach einer guten Mahlzeit mit Reis und etwas Hammel und frischem Ziegenkäse saß ich, noch immer etwas fröstelnd, am Tisch und rauchte schwarze italienische Zigarren. Doch hielt ich es nicht lange so aus. Nach einer Weile verließ ich den viel zu großen, finstern und unheimlich stillen Raum und strich, Wärme suchend, durch das Haus. Da fand ich hinten in der kleinen Küche den Wirt, die Wirtsfrau und deren uralten Vater behaglich am strahlenden offenen Reisigfeuer bei der Feuerstelle kauern. Auf den Backsteinen flackerte hell und brav das Feuerchen, und der zarte blaue Rauch verlor sich im ungeheuern schwarzen Schlund des offenen Rauchfangs. Ich setzte mich zu ihnen auf eins der ganz niedrigen Strohstühlchen und freute mich der schönen Wärme und des Flackerscheins, der an den Mauern hin spielte, überall Schattentheater wachrief und hier und dort in den Gefäßen aus Kupfer und Zinn blank aufstrahlte.

Sogleich wurde ich von den Leuten gefragt, was ich

denn da vorher für Lieder gesungen habe. Sie hatten mich also gehört. Ich sang einige davon noch einmal und fragte, wie sie ihnen gefielen. Der Wirt lächelte und lobte die Lieder sehr, wollte mir aber durchaus nicht glauben, daß es keine Kirchenlieder seien. Ich hatte Lieder gesungen wie »Jetzt gang' i ans Brünnele« und andre, die bei uns für recht weltlich gelten und keineswegs zu den heiligen Hymnen gerechnet werden. Ich fühlte, daß weder die Lieder selbst noch mein Gesang hier so richtig geschätzt würden, aber artig sind die Italiener stets, und so wurden denn die Lieder gelobt, und die Wirtin ging und holte als Dank für meine Leistung eine Flasche alten Wein, die wir gemeinsam austranken.

Das Feuer loderte und knisterte und trieb zischende Gase aus den zum Teil noch grünen Prügeln aus Kastanienholz. Des Wirtes kluger, hübscher Hühnerhund mit Namen Graffe rieb seinen schönen Kopf an unsern Knien und dehnte seine Flanken genießerisch an der Herdwärme; wir sprachen von Florenz und von Rom, von der Schweiz und von Deutschland, und wie groß die Welt sei. Zuweilen warf der Alte eine Handvoll Olivenzweige ins Feuer oder ein Stück knorriges altes Rebenholz, das blaue und grüne Flämmchen gab, zuweilen gähnte die Wirtsfrau, und als sie es häufiger und tiefer tat, sagte ich gute Nacht, drückte allen die Hände und ging in meine Kammer, vor deren Fenster kühl und einschläfernd der Regen sang. [1907]

Reiselied

Sonne, leuchte mir ins Herz hinein,
Wind, verweh mir Sorgen und Beschwerden!
Tiefere Wonne weiß ich nicht auf Erden,
Als im Weiten unterwegs zu sein.

Nach der Ebne nehm ich meinen Lauf,
Sonne soll mich sengen, Meer mich kühlen;
Unsrer Erde Leben mitzufühlen
Tu ich alle Sinne festlich auf.

Und so soll mir jeder neue Tag
Neue Freunde, neue Brüder weisen,
Bis ich leidlos alle Kräfte preisen,
Aller Sterne Gast und Freund sein mag.

Gubbio

Mit der langsam fahrenden Lokalbahn, in Gesellschaft heimkehrender Marktbauern, war ich von Città di Castello hergefahren und gegen Abend in Gubbio angekommen. Ich legte den Rucksack in einem Gasthaus ab und schlenderte über einen großen, kahlen Platz und an einer Franziskanerkirche vorbei in die abendliche Stadt hinein.

Es war kühl und regnerisch, in den schmalen Gassen der wunderlichen Bergstadt fing es schon an zu nachten. Und wie man auf Reisen zuweilen plötzlich in sonderbare und unnötige Gedanken hineingerät, fiel es mir ein, darüber nachzudenken, warum ich denn eigentlich auf Reisen, warum ich in Italien und heute gerade in Gubbio sei. Ja, warum? Was suchte ich hier?

Obschon ich müde war, fügte ich mich ins Unentrinnbare und gab mir Mühe, eine Antwort zu finden. Ich war vor vierzehn Tagen von daheim fortgereist, um wieder einmal nach Italien zu kommen, um ein anderes Volk und eine andere Sprache um mich zu haben, fremde Städte, schöne Bauten und alte Kunstwerke zu sehen. Wozu das? Warum blieb ich nicht daheim bei Arbeit und Familie? Weil ich ausruhen wollte. Aber ruht man denn auf Reisen aus? Nein. Das hatte ich vorher gewußt, also war ich nicht des Ausruhens wegen gereist.

Aber vielleicht um der Kunst willen? Das kam wohl der Wahrheit näher. Ich hatte ein Verlangen gehabt, den Florentiner Dom, das schöne San Miniato, die Bilder des Fra Angelico und die Skulpturen von Do-

Der Palazzo dei Consoli in Gubbio.

natello wiederzusehen. Und von Florenz war ich weitergefahren, um neue Werke zu sehen, um Städte mit prächtigen Plätzen und Gassen, Schlösser mit gewaltigen Türmen, Kirchen mit Wänden voll schöner Fresken zu finden. Von Gubbio hatte ich erzählen hören, es sei eine wunderbare Stadt, steil am Berg emporgebaut, mit fabelhaften Palästen und frechen Türmen, ein Wunder von kühner Architektur.

Warum nun war ich dem nachgereist? Aus Neugierde nicht, auch nicht um Studien zu machen, denn ich bin weder Historiker noch Künstler, und im Sammeln von »Kenntnissen« bin ich nie sehr ehrgeizig gewesen. Etwas in mir mußte also hungern und Begierde tragen, wie stände ich sonst hier, hundert Meilen von zu Hause entfernt, in einer alten umbrischen Kleinstadt? Welchem Bedürfnis, welcher Not war ich gefolgt?

Langsam versuchte ich, es mir zurechtzulegen. Ich dachte an San Miniato, an die Kuppel und den Turm des Florentiner Domes und an das, was mich zu jenen Werken zurückgezogen hatte. Warum hatten sie mich beglückt? – Weil ich bei ihrem Anblick gefühlt hatte, daß Arbeit und Hingabe eines Menschen nicht wertlos sind, daß über der bedrückenden Einsamkeit, in der jeder Mensch sein Leben hinlebt, etwas allen Gemeinsames, etwas Begehrenswertes und Köstliches vorhanden ist; daß zu allen Zeiten Hunderte einsam gelitten und gearbeitet haben, um das Sichtbarwerden dieses tröstlichen Gemeinsamen zu fördern. Wenn das, was die Künstler und ihre Gehilfen mit Hingabe und Ausdauer vor einigen hundert Jahren zustande gebracht haben, heute wie damals Tausenden gute Gedanken gibt, so ist es auch für uns alle nicht trostlos, in unserer Einsamkeit und Schwäche zu arbeiten und das Mögliche zu tun.

Diesen Trost hatte ich gesucht, nichts weiter. Das Wissen um jenes Gemeinsame hatte ich immer gehabt, aber je und je muß man es wieder erleben, muß man wieder mit eigenen Sinnen das Vergangene gegenwärtig, das Entlegene nahe, das Schöne ewig fühlen. Das ist immer wieder erstaunlich und beglückend. Denn Michelangelo und Fra Angelico haben weder an mich noch an irgend jemand gedacht, wenn sie arbeiteten. Sie haben für sich selber geschaffen, jeder für sich allein, jeder zum Teil für seine Not und in bitterem Kampf mit Unmut und Müdigkeit. Jeder von ihnen auch war tausendmal unbefriedigt von dem, was er machte; Ghirlandajo hat sich lachendere Bilder und Michelangelo viel mächtigere Bauten und Denkmäler geträumt. Wir haben nur, was übrigblieb; aber das scheint uns wert, daß jene sich mühten. Und damit gewinnen wir selber Mut, fortzufahren.

Daß nicht jeder von uns ein großer Auserwählter ist, hat damit nichts zu tun. Auch wir Kleinen, seien wir Künstler oder nicht, freuen uns an jedem Sieg des Ewigen über das Zufällige und bedürfen jenes Trostes, um den Kampf mit dem Mißtrauen gegen den Wert alles Menschlichen immer wieder aufzunehmen.

Ich stand also heute in Gubbio, um aus dem Anblick großer Menschenwerke Mut und Glauben zu schöpfen. So weit kam meine Betrachtung. Ich hatte mittlerweile eine immer steiler werdende Gasse erstiegen und eine fast ebene Seitenstraße eingeschlagen, da stand ich unvermutet vor dem größten Bau der Stadt, dem mittelalterlichen Palast der Konsuln. Das schnitt alle Gedanken ab. Ich stieg auf die große Terrasse hinauf und wieder hinab, ich schaute und staunte, und für heute blieb es beim Staunen. Denn die grandiose, fast lästerliche Kühnheit dieser Architektur ist schlechthin verblüffend und hat etwas aufregend Unwahrscheinliches. Man meint zu träumen oder eine Dekoration zu sehen und muß sich immer wieder davon überzeugen, daß das alles fest und steinern dasteht.

Mit diesem Gefühl eines großen Erstaunens ging ich weg und lief weiter durch die Stadt, eine gute Stunde lang, ohne aus dem fast lähmenden Benommensein zu erwachen. Gasse um Gasse nahm mich auf, alle steil, still, trotzig, alle voll von hohen, nackten Steinhäusern mit widerhallendem Pflaster. Da und dort ein winziger Garten, ein Streifchen Erde künstlich und ängstlich auf hoher Mauer schwebend, dann ein Blick eine unendlich steile Straße bergaufwärts, und bergab schwindelnde Treppengassen. Meine genagelten Sohlen glitten auf dem glatten, regenfeuchten Pflaster unzählige Male aus. Dabei war es beinahe lächerlich, zu sehen, daß am Fuße dieser abschüssigen, unsäglich mühsam gebauten Stadt sich grün und bequem eine stundenweite, wohnliche Ebene erstreckte. Und die ganze Stadt, der ganze verhältnismäßig ungeheuerliche Aufwand von Bau- und Mauerwerk machte nicht etwa einen prahlerischen Eindruck, sondern erschien düster und wie aus begieriger Not entstanden.

Ermüdet und verwirrt suchte ich bei schon einbrechender Nacht mein Wirtshaus wieder, verlangte ein Abendessen und saß bis zum Schlafengehen nachdenklich beim roten Landwein. Meine Theorie schien mir nun doch nicht mehr ganz zu stimmen. Und da der verwirrende Eindruck dieser merkwürdigen Stadt sich einstweilen nicht klären wollte, stellte ich nun als Beweggrund meines Reisens das Bedürfnis auf, rechenschaftsloses Erstaunen zu fühlen und eine Weile frei von Verantwortung nur als Zuschauer zu leben. Doch begann das Zwecklose dieses Nachdenkens schon jetzt mich zu lächern.

Meine Schlafkammer war eiskalt und feucht, aber das Bett war vortrefflich, und ich schlief mich in neun Stunden wieder vollkommen gesund und frisch. Von der fruchtlosen Grübelei genesen, machte ich mich morgens auf die Beine und erlebte nun die wunderliche Stadt, wie man ein Abenteuer erlebt. Ich schritt in einer Luft voll pathetischer Leidenschaft und hatte den Eindruck, die alten phantastischen Bauten spielten mit vehementen Gebärden das heiße Leben weiter, das hier vor Zeiten gegärt haben muß und von dem man bei den heutigen Einwohnern keine Spur mehr findet. Der trotzige Ehrgeiz, der im Kampfe mit ungewöhnlichen Hindernissen diesen steilen Hang gebaut hat, der auf ein Nichts von Boden schwindelnd hohe Türme und kolossale Palastburgen gründete und noch hoch am abschüssigen Bergrand massige Klöster und Kastelle hinstellte, hat etwas Sagenhaftes, fast Vorweltliches.

Gubbio nimmt den Berghang, an dem es liegt, nur bis zu einem Drittel seiner Höhe ein. Über der obersten Mauer und hinter dem höchstgelegenen Tor steigt der Berg kahl und streng hinan, auf halber Höhe trägt er eine alte Kapelle aus leuchtend rotem Backstein und ganz oben ein großes, festungsartiges Klostergebäude. Der gegen tausend Meter hohe Berg lockte mich. Nach dem aufregenden Eindruck der mittelalterlichen Stadt gelüstete es mich, ins Freie zu kommen und einen Blick ins Gebirge zu tun. Auch dachte ich, da droben vielleicht aus den Formen der Gebirgslandschaft den trotzig kühnen Geist ihrer alten Baumeister einigermaßen begreifen zu lernen.

Vom letzten Stadttor aus stieg ich langsam hinauf und hatte bald den Überblick über die weite, grüne Talebene. Der in großen Windungen angelegte gute Fahrweg führt bis zum Kloster und ist eine Strecke weit einseitig mit Zypressen besetzt. Jene rote Kapelle fand ich stark ruiniert, fast dem Einsturz nahe.

Die mächtige, drohende Stadt unter mir wurde allmählich klein und merkwürdig friedlich, schließlich lag sie bescheiden tief am Fuße des Berges und sah beinahe eben aus. Die unheimlichen Burgen und Türme standen klein und schwächlich wie Spielzeug unten. Ein starker, kalter Schneewind ging auf der Höhe.

Der Weg hörte auf, und ich folgte einem undeutlichen Geißensteig, der über Heide, Geröll und Felsstufen gegen den Gipfel hinführte und schließlich verschwand. Es wurde kalt und einsam, etwas wie Alpenluft wehte da droben, die Stadt war nahezu unsichtbar geworden.

Endlich hatte ich die Höhe überschritten und blieb fast erschrocken stehen. Jenseits tat sich eine große, feierliche Gebirgswelt auf, und vor mir stürzte schwindeltief eine jähe, wilde Schlucht hinab, die war eng und unheimlich, und die ungeheuren Wände des Absturzes zu beiden Seiten waren vollständig kahl und von roter Farbe. Nur in der Mitte etwa wuchs ein wenig Gestrüpp und Gras, und dort hing eine kleine Ziegenherde mit einem Hüterbuben klein und ängstlich zwischen Berg und Tal. Auf dem Gipfel, den ich nun bald erreichte, lag Schnee.

Die grüne Ebene, die Hügel mit Obstgärten, die Paläste und alten Städte und das ganze mir bekannte Italien war verschwunden, und ich stand in einer fremden, wilden, rauhen Gegend. Kein Haus oder Dorf weit und breit, und kein Mensch als der Hirtenjunge am Abhang, und unten in der roten Schlucht ein Reiter, der im Mantel und großen spitzen Hut, die Flinte überm Rücken, auf seinem Maultier talaufwärts gegen Scheggia unterwegs war. [1907]

Jetzt war es Zeit, abzureisen . . .

In den Jahren vor dem Weltkrieg war ich gewohnt, in jedem Frühling einen kurzen Ausflug nach Italien zu machen, und auf mehreren Reisen, meist in kleinere oberitalienische oder toskanische Städte, war Schoeck* dabei. Einmal brachten wir – es war außer Schoeck und mir noch der Maler Fritz Widmann dabei – einige Tage in der città alta von Bergamo zu und saßen an den Abenden in einem kleinen, recht verfallenen Café, dessen Wirt einmal Musikant gewesen war. In der düsteren Kneipe stand ein heruntergekommenes altes Tafelklavier, mit dünnem schleirigem Ton und mancher gesprungenen Saite, auch reichlich verstimmt. Auf diesem Klavier spielte uns Schoeck halbe und ganze Opern, entzückt lauschte die Wirtsfamilie; und einmal bekam auch unser Reisekamerad Widmann Lust, das Instrument zu probieren, setzte sich davor und griff mutig in die Tasten, aber entsetzt sprang er gleich wieder auf, und auch ich probierte es nun und schlug ein paar Töne an – es war ganz und gar unmöglich, aus dieser Ruine etwas wie Ton zu locken. Und doch hatte Schoeck es fertiggebracht, uns darauf Musik zu machen, er hatte das Ding bezaubert, er hatte die Geister der Meister beschworen, und unter seinen Händen war der brave alte Kasten wieder ein Klavier geworden, hatte Rossini und Verdi von sich gegeben und hatte sogar seinen alten Herrn, den Exmusiker, überrascht und entzückt. Es war eins der Beispiele für Schoecks

* Othmar Schoeck (1886-1957), namhafter Schweizer Komponist, seit 1906 mit Hesse befreundet.

suggestive Kraft: mochte er nun das kaputte Klavier behext haben oder die Zuhörer, jedenfalls war der Zauber gelungen.

Auf einer andern Reise, damals war Fritz Brun* mit dabei, sahen wir den jungen Schoeck noch einen anderen Apparat siegreich bezaubern. Es war in Orvieto. Wir hatten den Dom und den Signorelli gesehen, waren durch das Städtchen geschlendert, hatten den Gang in die Tiefe des Pozzo di San Patrizio hinab gemacht, und ruhten jetzt in einem Café an der Piazza aus. Dort stand eine merkwürdige Maschine, ein mechanisches Glücksspiel. Dieser Automat hatte kleine Schlitze, in welche man Zwanzigrappenstücke stecken konnte. Je nachdem man das Loch wählte, konnte man, falls man Glück hatte, für seinen Zwanziger zwei, oder fünf, oder zehn, ja sogar zwanzig und vierzig solche Geldstücke zurückgewinnen. Nur kamen natürlich die höheren Zahlen entsprechend selten heraus, und die anwesenden Stammgäste versicherten uns, daß schon mancher von ihnen die Fünf, auch die Zehn, und je und je sogar einer auch die Zwanzig gewonnen habe, obwohl natürlich auf Zwanzig zu spielen schon recht gewagt sei. Die Vierzig aber, meinten sie, sei zwar irgend einmal auch schon herausgekommen, aber ein vernünftiger Mensch setze natürlich auf diese Nummer nicht. Wir faßten allmählich Interesse, standen von unsrem Wermut auf und begannen den Apparat zu betrachten, und schließlich ließen wir uns zwei oder drei Franken wechseln und fingen an, der Maschine unsre Zwanziger in den Rachen zu stoßen, welche sie

* Fritz Brun (1878-1959), Dirigent, Komponist und Leiter des Berner Symphonieorchesters

willig fraß, und einmal sogar eine Zwei oder eine Fünf von sich gab. Da erklärte Schoeck, beim Spielen müsse man aufs Ganze gehen, stellte auf die Vierzig ein, spendete sein Geldstück und drückte los. Die Maschine grollte heftig, und in die unten angebrachte muschelförmige Geldschale, und über sie hinaus ins Café ergoß sich ein Wasserfall von Münzen, vierzig Stück. Der Wirt sprang auf, die Gäste machten Augen, Schoeck erntete mit beiden Händen den Münzenschwall in seine Taschen. Wir lachten sehr und gratulierten ihm, nahmen noch einen Wermut, und ehe wir das Café verließen, steckte er noch einmal Spaßes halber eine Münze hinein, setzte auf die Vierzig, und mit Getöse spie der Apparat nochmals vierzig Geldstücke aus. Wir kamen am nächsten Vormittag wieder, und ein drittes Mal tat Schoeck, was kein vernünftiger Mensch tut, und gewann die Vierzig nochmals. Jetzt war es Zeit abzureisen, die Stammgäste und die Nachbarschaft waren beunruhigt. Noch auf dem Weg zum Bahnhof faßte mich ein Mann auf der Straße höflich am Arm, deutete auf den vorausgehenden Schoeck und fragte flüsternd: »Sagen Sie, ist es der dort, der junge Blonde, der dreimal die Vierzig gewonnen hat?«

[1936]

Zu diesen Italienwanderern gehöre ich

Es gibt in der Hauptsache drei Typen von Italienwanderern. Die einen sausen von Lugano oder Bozen bis Neapel durch und werden rasch fertig. Die andern saugen sich an einer der größeren Städte, meistens an Rom, für immer fest, kehren immer wieder dahin zurück und nehmen sich zwar immer wieder vor, nun bald auch diese oder jene andere Stadt und Provinz zu besuchen, kommen aber nie dazu. Wieder andere, und zu diesen gehöre ich selbst, haben zwar wohl das Ideal, Italien ganz kennenzulernen, fressen sich aber aus Trägheit und Behagen im einzelnen so langsam durch den Kuchen durch, daß sie niemals fertig werden. So ist es mir gegangen, der ich bald zehnmal in Italien war und Rom noch nicht gesehen habe, obwohl ich schon zweimal ein Billett nach Rom in der Tasche hatte. Das eine Mal stieg ich in Orte, das andere Mal in Orvieto aus, und so kenne ich denn bis vor die Tore Roms hin Dutzende und Dutzende von italienischen Städten, Städtchen und Dörfern und habe allmählich jene Art von Liebe für Italien gewonnen, die nicht mehr sucht und rennt, sondern je und je mit einem stillen Wiedersehen zufrieden ist. [1912]

Nachwort

»Alle freiwilligen Reisen meines Lebens«, berichtet Hesse in seinem »Kurzgefaßten Lebenslauf«, »waren nach Süden gerichtet.« Denn die Temperatur seiner Geburtsstunde an einem warmen Tag im Juli sei es gewesen, die er unbewußt sein Leben lang geliebt, gesucht und, wenn sie fehlte, schmerzlich vermißt habe. Auch die Wahl seiner Wohnorte bestätigt diese klimatische Mitgift. Sie rückten im Lauf seines Lebens immer südlicher, vom Schwarzwald an den Bodensee, von dort nach Bern und schließlich über die Alpen bis an den äußersten Rand unseres Sprachgebietes, in den Schweizer Kanton Tessin, wo er die letzte Hälfte seines Lebens verbrachte. Hingegen ist Hesse während der ersten vierzig Lebensjahre, bevor er endgültig in der italienischen Schweiz ansässig wurde, viel gereist, aber verhältnismäßig selten und immer kurzfristig nur in solche Regionen, die er einmal launig als die »Eskimoländer nördlich des Mains« bezeichnet hat, denn kein Mensch könne ihm zumuten, »lediglich um der Literatur willen, Reisen zu tun in Landstriche, wo kein Wein mehr wächst«. Um so häufiger zog es ihn nach Italien, wo er sich von 1901 bis 1914 im Verlauf von mindestens sechs verschiedenen Reisen insgesamt wohl mehr als ein halbes Jahr aufgehalten hat. Als Reisezeit wählte er jedesmal das Frühjahr und war meist in Begleitung von ein oder zwei Freunden unterwegs, Malern oder Musikern, zu Fuß oder in Eisenbahnwaggons dritter Klasse, einerseits der finanziellen Ökonomie wegen, andererseits, um auf diese Weise soviel wie möglich zu erleben und so direkt wie möglich mit Land und Leuten, ihrer Sprache und Kultur in Berührung zu kommen. Einiges von dem, was ihm dabei auffiel, hat sich in seinen frühen Schriften, im ersten Roman »Peter Camenzind« und in zahlreichen Gedichten, Stimmungsbildern, Reisetagebüchern und kulturhistorischen Studien niedergeschlagen, die 1983 erstmals in einem stattlichen Band zusammengefaßt werden konnten.

Der vorliegende Reisebegleiter ist eine Auswahl aus diesem etwa 500 Seiten umfassenden Material. Doch wurden hier die Texte nicht chronologisch in der Folge ihrer Niederschrift geordnet, sondern geographisch in Form einer leicht nachvollziehbaren Reiseroute von Nord nach Süd und von der Ligurischen Küste im Westen zur Adriaküste im Osten, mit deutlichen Akzenten auf Florenz und Venedig, kulturellen Brennpunkten, die Hesse besonders geliebt und studiert hat. Über sie wird in seinen Tagebüchern so nuanciert berichtet, daß sich daraus sowohl für Florenz als auch für Venedig in der Form eines Reiseführers eine Art Stadtrundgang rekonstruieren ließ, der es ermöglicht, unsere eigenen Eindrücke vor Ort mit denen des damals 23jährigen Hermann Hesse zu vergleichen. Zwar können wir heute nicht mehr wie er das Italien der Jahrhundertwende ohne die Folgen des Massentourismus, des Autoverkehrs und der Industrialisierung erleben, aber noch ist nahezu alles, was Hesse beschreibt, vorhanden und auffindbar: die auf Hunderte von Kirchen und Palazzi verteilten Zeugnisse mediterraner Kunst und Religiosität in ihrer bildergläubigen Lebensfreude und die festungshaften, uralten Bergnester auf den Rebhängen und den oliven- und zypressengesprenkelten Höhenzügen der Toskana und Umbriens . . .

Natürlich war es nicht allein das Klima, das den Ausschlag gab für Hesses Liebe zu Italien. Denn wäre es nur die Temperatur der Stunde seiner Geburt an einem warmen Tag im Juli gewesen, dann wäre wohl jedes andere der Mittelmeerländer für ihn ebenso in Frage gekommen. Es muß also noch weiteres mitgespielt haben, das diese klimatische Prägung ergänzt und lokalisiert hat. Einiges davon läßt sich nachweisen:

Ein Album mit den populärsten Motiven Venedigs, dem Markusplatz, der Rialtobrücke und dem »wie aus Spitzen geklöppelten« gotischen Ca'd'Oro-Palast am Canale Grande, das Hesse vermutlich schon während der frühesten Schuljahre in die Hände gekommen sein muß, war seine erste Begegnung mit dem Land, das künftig zu seinem liebsten Reiseziel werden sollte. »Mit Blau und Gelb und Rot und Gold nicht sparend«, hat er dieses Bildwerk damals mit Aquarellfarben koloriert, »oft ungewiß, was Land, was Wasser sei«. Doch bis er sein Phantasiekolorit mit den Farben der Wirklichkeit vergleichen konnte, sollten noch etwa fünfzehn Jahre vergehen. Die nächste, nicht weniger nachhaltige Begegnung mit Italien verdankt er seinen autodidaktischen Goethe Studien als Buchhandelslehrling in Tübingen und der fast gleichzeitigen Bekanntschaft mit dem Hauptwerk des Schweizer Kulturhistorikers Jakob Burckhardt. Am 30. 3. 1898 schreibt der damals Zwanzigjährige an seine Eltern: »Meine Hauptlektüre seit drei Wochen ist die herrliche ›Kultur der Renaissance‹ von Burckhardt, deren ersten

Band ich fertig habe. Das Buch ist außer Goethes ›Faust‹ und ›Aus meinem Leben‹ eigentlich das einzige, bei dem ich eine sehr hohe Erwartung übertroffen fand. Ich finde es bedeutsam, daß eben unsere Zeit erst die Renaissance versteht und gewissermaßen entdeckt hat . . . Auch ich kann diesem Heimweh nicht entrinnen nach jenem Reichtum an Geist, Kunst, Witz, Schönheit, nach jenen merkwürdigen Städten, wo die höchste Staatskunst neben der höchsten humanistisch-künstlerischen Bildung blühte.«

Diese Sehnsucht hat ihn seitdem nicht mehr verlassen. Nach dem Abschluß seiner Lehrzeit in Tübingen zieht der junge Autor der »Romantischen Lieder« und der Prosaphantasien »Eine Stunde hinter Mitternacht« im September 1899 als Sortimentsbuchhändler nach Basel, in die Stadt, deren geistiges Leben »von nichts und niemand so stark beeinflußt und geformt war wie von Jakob Burckhardt«, der dort zwei Jahre zuvor gestorben war.

Nach täglich mehr als zehnstündiger Dienstzeit in der Basler Buchhandlung Reich schreibt und veröffentlicht Hesse hier sein drittes Büchlein, »Hermann Lauscher«, beschäftigt sich mit Boccaccio, Franz von Assisi, Leonardo da Vinci, sammelt Reproduktionen von Gemälden und Architekturdenkmälern der Renaissance, liest Burckhardts »Die Zeit Constantins des Großen« und legt jeden Rappen seines dürftigen Gehilfensalärs beiseite, um sich den nun immer dringlicheren Wunsch erfüllen zu können, das Land der Sonne, der Kunst, der naiven und elementaren Lebensfreude nicht nur aus Büchern und Bildern, sondern auch aus eigener Anschauung kennenzulernen.

Im Herbst des Jahres 1900 steht sein Plan fest: Im kommenden Frühjahr wird er seine Stelle in der Buchhandlung kündigen, um in der klimatisch angenehmsten Reisezeit für mindestens zwei Monate das Land seiner hochgespannten Erwartungen kennenzulernen. Und um jedes Risiko auszuschließen, diese Reise aus finanziellen Gründen eventuell vorzeitig abbrechen zu müssen, kommt er auf eine ungewöhnliche und auch noch für sein späteres Leben nutzbringende Idee, sich die nötigen Mittel zu verschaffen, ohne doch betteln zu müssen: In einem Rundschreiben an Freunde und Bekannte bietet er ihnen die Handschrift eines unveröffentlichten Manuskriptes, den Zyklus seiner neuesten, meist nachts entstandenen »Notturni«-Gedichte, an. »Um diese intime Art der Mitteilung« habe er besonders die persische Literatur schon immer beneidet. Denn sie gewähre den Vorteil, heißt es in diesem Rundschreiben, »meine Dichtung, der Spekulation des Handels und der Presse entzogen, nur von Freunden und Wohlgesinnten gelesen zu wissen«. Er gedenke etwa 20 Exemplare herauszugeben, von denen jedes, mit persönlicher Widmung versehen, 20 Franken koste. »Bestellungen von nicht Eingeladenen werden nicht angenommen«, fügt er hinzu, um das Angebot noch interessanter zu machen. Außerdem seien sämtliche Exemplare »sowohl durch die Widmung wie durch absichtliche, zum Teil bedeutende Variationen im Text als Unica bezeichnet. Sollte Ihnen ein Vers besonders gefallen, so seien Sie bitte überzeugt, daß ich ihn speziell für Sie eingefügt habe. Bei weniger glücklichen Passagen aber mögen Sie sich sagen, daß ich mir sie vermutlich bei den übrigen Exemplaren besser überlegt haben werde.«

Mit dieser einfallsreichen Methode, die Not zur Tugend zu machen, gelang es ihm, seine Reisekasse um annähernd 400 Franken aufzubessern, und dies, trotz seines damals noch bescheidenen literarischen Renommees, sogar rascher als vermutet. So konnte er bereits am 13. 10. 1900 seinem Tübinger Freund Eberhard, dem Vater von Albrecht Goes, melden: »Der Erlös der Exemplare, die schon fast alle verkauft sind, wird hauptsächlich meiner für nächsten Frühling geplanten italienischen Reise dienen.«

Am 25. 3. 1901 war es endlich soweit: Nach einem Intensivstudium der italienischen Sprache im Selbstunterricht und drei Wochen sorgfältiger Vorbereitung im heimatlichen Calw brach er auf, im Reisegepäck außer dem Baedeker auch Jakob Burckhardts »Cicerone – Eine Anleitung zum Genuß der Kunstwerke Italiens«.

Daß nach solchen Prädispositionen die Begegnung mit der Wirklichkeit zur Offenbarung werden und auf den denkbar empfänglichsten Boden fallen muß, ist bei einem Naturell wie demjenigen Hesses unausweichlich: »Das jahrelang erträumte Betreten des italienischen Bodens gab mir ein so intensives, erhöhtes Glücksgefühl, wie ich es bis dahin kaum gekannt hatte.«

In seinen Briefen und vor allem den Reisetagebüchern ist es festgehalten. Zunächst einmal verändern sich bei Hesse, wie bei jedem, der zum erstenmal ins Ausland reist, die bisher gültigen Wertmaßstäbe. Kaum eine Woche in Italien und wenige Stunden erst in Florenz, schreibt er seinen Eltern: »Angesichts dieser Kultur und dieses Lebens sinkt mein Nationalgefühl auf

Null.« Eine Beschämung, die sich noch verstärkt, wenn er anderen Italientouristen, namentlich seinen Landsleuten, begegnet, die mit dem Blick auf das Tyrrhenische Meer »Wie ist es am Rhein so schön« singen und in den Speiselokalen deutsche Küche statt der unverwechselbaren Gerichte des Gastlandes verlangen. »Wie gemein so ein feister deutscher Kommerzienrat neben einem italienischen Bettelbuben aussehen kann«, notiert Hesse in sein Tagebuch, das durchaus nicht den Eindruck macht, als sei es vor mehr als achtzig Jahren geschrieben. Denn seine unkonventionelle Art zu reisen, die mit einem Minimum an Komfort auf ein Maximum an Erlebnis bedacht ist, hat heute noch so viel Alternatives, daß sich wohl auch die Tramper unserer Jeans-Generationen darin wiedererkennen und mit Hesses Reisestil identifizieren können. Denn er reist nicht als Frachtgut touristischer Agenturen, sondern auf eigene Faust. »Mir ist auf Reisen nur wohl, wenn es ganz schlicht und handwerksburschenhaft zugeht, dritter Klasse und zu Fuß, ohne Hotels und ohne täglich warm zu essen«, berichtet er 1904 in einem Brief. Pedantischer Organisation zieht er die Improvisation vor. Das Vertrauen in den Zufall, in den Reiz der Risiken und Überraschungen gehört für ihn zur Poesie des Unterwegsseins. Auf den finanziellen Vorteil, den der Gesellschaftstourismus zu bieten hat, braucht er deshalb nicht zu verzichten. Und im Eisenbahnabteil kann er nicht nur mit der Bevölkerung des Gastlandes in Berührung kommen, sondern auch die Fahrt, wo immer es ihm verlockend erscheint, unterbrechen. Dasselbe gilt für Unterkunft und Verpflegung, wobei Hesse den keimfreien Hotels einheimische Schenken und Privatpensionen vorzieht, die ihn am Alltag, den unterschiedlichen Eß- und Lebensgewohnheiten teilnehmen lassen: »Diese Leute sind, wenn sie nicht gerade Geschäfte machen, von einer Naivität und Sicherheit des Sichgebens, dabei von einer natürlichen Lebensart und Beweglichkeit, neben der wir Nordländer Marionetten sind.« Statt sich professionellen Fremdenführern anzuschließen, ist er sein eigener Cicerone oder läßt sich, wie in Chioggia, die Besonderheiten von einem achtjährigen Gassenbuben zeigen, qualifiziert durch ein »braunschwarzes, schlaues Gesicht, ganz wild, geht in keine Schule«.

Wie oft Hesse auch später nach Italien (und anderswohin) aufbrach, nie hat er – selbst nicht als etablierter Autor, der sich wie Thomas Mann ein wenig Luxus ja durchaus hätte gönnen können – diese Art des Reisens aufgegeben, um das Fremde so frisch und authentisch wie möglich am eigenen Leib zu erfahren. Denn »die Poesie des Reisens«, schreibt er 1904, »liegt im Erleben, im Reicherwerden, im organischen Angliedern von Neuerworbenem, im Zunehmen unseres Verständnisses für die Einheit im Vielfältigen . . . im Wiederfinden von alten Wahrheiten und Gesetzen unter ganz neuen Verhältnissen.«

Es ist erstaunlich, was er schon 1901 auf seiner ersten Reise im Alter von 23 Jahren alles wahrnimmt, mit welcher Hingabe er sich der neuen Kultur öffnet und welches Pensum er sich abverlangt, um der fast verwirrenden Fülle und Mannigfaltigkeit kunsthistorischer Fossilien aus vielen Jahrhunderten einigermaßen gerecht zu werden. Hesse gehört weder zu den Touristen, die alles anschauen und nichts sehen, noch ist er der brave Adept, der nur das aufsucht und würdigt, was vom offiziellen Kodex als Sehenswürdigkeit empfohlen und vorgeschrieben ist. In der Bewertung von Malerei und Architektur ist er durchaus selbständig, mitunter geradezu ein Entdecker, dem die Reiseführer bald schon nicht mehr genügen: »Baedeker schweigt unverantwortlich«, notiert er in Venedig. Was Wunder bei einer Wahrnehmung, welche für alltägliche Reize wie Wolken, Himmel und Wasser, die Eigenarten von Vegetation und Landschaft, die Rhythmen von Licht und Schatten ebenso empfänglich ist wie für die Musik der architektonischen Proportionen. Eine ganz ungewöhnliche Begabung des Auges zeigt sich in Hesses Aufzeichnungen. Die Komposition oder der Pinselstrich eines Gemäldes begeistern ihn nicht weniger als die Schlammbänke der Lagune, die kein Reiseveranstalter in seinem Programm von Sehenswürdigkeiten wagen würde anzubieten, obwohl man dort »fabelhaftere und reichere Tönungen, Übergänge und Auflösungen irisierender Farbflächen« studieren kann als in den Glasbläsereien von Murano.

Einen Gondoliere bittet Hesse zu dessen Verwunderung, nicht die kürzeste Route einzuschlagen, sondern den zauberhaften Lichtreflexen der Aprilsonne auf dem Giudecca-Kanal zu folgen. Andere brauchen einen Juwelier, um sich an Effekten wie den blendenden Feuern erfreuen zu können, welche die Sonne im Wasser der Lagune zustande bringt. Mit Worten versucht er sie nachzuzeichnen, eine impressionistische Malerei in Prosa, doch so exakt, daß es ihm darüber glückt, unversehens auch den Bildern in den Galerien auf ganz neue Weise gerecht zu werden: »Unbewußt habe ich die große Klugheit begangen, erst ein paar Tage venezianischer Sonne zu sehen und hiesige Luft zu atmen, ehe ich die venezianische Malerei zu betrachten anfing.« Manches, was ihm zuvor in den Gemäldesammlungen von Florenz noch unwahrscheinlich und als stilistische oder individuelle Willkür der Maler vorkam, erkennt er jetzt als Authentizität unverwechselbar lokaler Licht- und Farbqualitäten. Ähnliches gilt für die Porträtmalerei, so daß er im Tagebuch notiert, er habe im Eisenbahnabteil eine Frau mit »Perugino-Augen« gesehen, und eines Tages berichten kann: »Heute ist mir das süßeste und lieblichste Wunder begegnet. Ich sah jene entzückende Blonde, die Bonifazio [Veronese] vor 400 Jahren als Lautenspielerin gemalt hat. Ich konnte nicht widerstehen, ich mußte Halt machen und sie anreden . . . Sie war es vollkommen: der zarte Hals, das kindliche und träumerische Gesicht, die feinen Schultern, das schwere, hochgebundene Haar. Sie hieß Gina Salistri, ist armer Leute Kind und wohnt in San Giobbe . . . In Wirklichkeit aber ist sie eine Traumschöpfung des Malers Bonifazio, nach 400 Jahren zu Leben und körperlichem Dasein erwacht.« Es ist reizvoll zu beobachten, wie Hesse solche, in den Tagebüchern oft nur stichworthaft vermerkten, Beobachtungen in seinen Gedichten und in den »Stimmungsbildern aus Oberitalien« verarbeitet hat und wie sich dabei ihre Darstellung vom Persönlichen ins Allgemeine und Fiktionale verändert.

Auch sein erster Roman »Peter Camenzind«, dessen Manuskript er unmittelbar nach der zweiten Italienreise an den Verleger sandte, ist voll von italienischen Motiven. Es sei, schreibt er in seinem Begleitbrief vom

9. 5. 1903 an S. Fischer, zwar unmodern, ja antimodern, dagegen seien Land und Volk aus langen und liebevollen Studien dargestellt, so daß sein Werkchen nichts Erfundenes und Unerlebtes enthalte. Das können wir nun anhand der Reisetagebücher verifizieren, die im »Peter Camenzind« eigens erwähnt werden: »Da hatte ich knapp und kurz Notizen über alles Sichtbare in der Welt aufgeschrieben, ohne Reflexionen und ohne Verbindungen. Es waren Skizzenhefte wie die eines Zeichners, und sie enthielten in kurzen Worten lauter reale Dinge: Bilder aus Gassen und Landstraßen, Silhouetten von Gebirgen und Städten, erlauschte Gespräche . . . Notizen über Beleuchtung, Winde, Regen, Gestein . . . Meerfarbenspiel und Wolkenform. Gelegentlich hatte ich auch kurze Geschichten daraus bearbeitet und veröffentlicht.«

In diesen Geschichten, wie auch in Hesses erstem Roman, finden sich nicht nur Abwandlungen authentischer Namen wie Ercole Aglietti (im Tagebuch) in Erminia Aglietti (im »Camenzind«), sondern in gewissenhafter Reihenfolge auch die Stationen der ersten und zweiten Reise: Mailand (man vergleiche im Reisetagebuch von 1903 die Episode mit den Heiligenfiguren auf dem Mailänder Dom, die alle nicht schnell genug auf den höchsten Podest, die Abschußrampe in den Himmel, kommen können, mit derselben Szene im »Peter Camenzind«), Florenz, Fiesole und Pisa. Einzig der Aufenthalt Camenzinds in Assisi scheint Erfindung zu sein. Denn bisher gibt es noch keinen Anhaltspunkt dafür, daß Hesse den Heimatort seines Lieblingsheiligen vor 1911 mit eigenen Augen gesehen hat.

Früher als geplant, bereits nach sieben Wochen,

mußte Hesse seine erste Italienreise abbrechen, da ihm am 16. 5. 1901 von der heimatlichen Militärbehörde der Musterungsbescheid nachgesandt worden war. »Wenn man von Italien heimreist«, heißt es im »Peter Camenzind«, »pfeift man auf Prinzipien und Vorurteile, man trägt die Hände in den Hosentaschen und kommt sich als durchtriebener Lebenskünstler vor.« Man sei eine Weile im wohlig warmen Volksleben des Südens mitgeschwommen und müsse dann zu Hause, wo man das alte, steife Leben unverjüngt und unveränderlich antreffe, kleinlaut und ärgerlich von der Höhe der neu erworbenen Heiterkeit Stufe um Stufe herabsteigen. »Aber etwas von dem Erworbenen keimte doch weiter«, so daß es zwei Jahre später nur eines zufälligen Anstoßes bedurfte, um vom einen auf den anderen Tag erneut – und danach immer wieder – für einige Wochen nach Italien aufzubrechen.

Dem Bedürfnis und Ehrgeiz, in Museen und Galerien möglichst viel Kunst kennenzulernen, folgte ein von Jahr zu Jahr stärkeres Interesse an der Mentalität, die diese Kunstwerke hervorgebracht hatte und diese organisch konzipierten Stadtlandschaften mit ihren wohlproportionierten Architekturen; gewiß aber auch die Sehnsucht, sich hier von den Verkrampfungen des überzivilisierten Nordens zu erholen. Fast alle Amateurphotographien, die uns von Hesse und seinen Reisebegleitern überliefert sind, zeigen etwas von der Lebensfreude, ja Ausgelassenheit dieser Italienreisen.

Bald ist er weit entfernt von dem Ehrgeiz, um seinen »Bildungssack zu komplettieren«, das ganze Land von Como bis hinab nach Sizilien kennenlernen zu wollen. Wenige Landschaften, diese aber so intensiv wie mög-

Hesse (links) mit Othmar Schoeck auf dem Schiefen Turm von Pisa.

lich zu erfahren genügt ihm vollauf. Schon 1903 hatte er dem befreundeten Kollegen Stefan Zweig geraten: »Ich lege Ihnen ans Herz, in Italien keine rasche Gewaltreise zu machen, sondern lediglich zu bummeln, wenn Sie dabei auch nur eine einzige Stadt kennenlernen.«

Was Hesse fortan in Italien sucht, ist also nicht mehr das Anhäufen von Wissen und Kenntnissen, sondern die Befreiung vom Zweckleben. Und angesichts der Kulturdokumente vergangener Jahrhunderte findet er nun für seine eigenen Bemühungen die Zuversicht, »daß die Arbeit und Hingabe eines Menschen nicht wertlos sind«, daß über der bedrückenden Isolation, in der jeder, auch der anonmye, Künstler sein Leben verbringt, »etwas allen Gemeinsames vorhanden ist; daß zu allen Zeiten Hunderte einsam gelitten und gearbeitet haben, um das Sichtbarwerden dieses tröstlichen Gemeinsamen zu fördern . . . Denn Michelangelo und Fra Angelico haben weder an mich noch an irgend jemand gedacht, wenn sie arbeiteten. Sie haben für sich selber geschaffen, jeder für sich allein, jeder zum Teil für seine Not und in bitterem Kampf mit Unmut und Müdigkeit. Jeder von ihnen auch war tausendmal unbefriedigt von dem, was er machte; Ghirlandajo hat sich lachendere Bilder und Michelangelo viel mächtigere Bauten und Denkmäler erträumt. Wir haben nur, was übrigblieb, aber das scheint uns wert, daß jene sich mühten. Und damit gewinnen wir selber Mut, fortzufahren.« Das ist schon in diesen frühen und eher beiläufigen Reiseimpressionen dieselbe Zuversicht, die Hesse Jahrzehnte später – provoziert durch die Destruktionen des Nationalsozialismus – mit seinem »Glasperlenspiel« bestärken und aktualisieren sollte.

Hermann Hesse selbst hat nie daran gedacht, die in Tagebüchern, Betrachtungen, Gedichten, Rezensionen, Gedenkblättern und Briefen durch Jahrzehnte verstreuten Äußerungen über seine Reisen und Eindrücke in Italien als thematisches Lesebuch zusammenzufassen. Noch vermessener wäre es ihm vorgekommen, diese als eine Art Handbuch für Italientouristen aufzubereiten. Gleichwohl hat es ihn immer wieder gefreut, Impulse beherzigt zu sehen, die in seinen Schriften formuliert waren. Und zweifellos wäre es ihm nicht unsympathisch gewesen zu wissen, daß seine Aufzeichnungen manchem Leser heute ähnliche Dienste leisten würden wie z. B. die Schriften Jakob Burckhardts, die ihm selbst die Augen für Italien geöffnet

Hesse (rechts) mit Fritz Brun in Italien,
als »Wettermännchen« posierend.

hatten. Was er also zu Lebzeiten, sei es aus Bescheidenheit, sei es aus Abwehr vor den Folgen übermäßiger Publizität, an Vorbehalten gegen eine solche Veröffentlichung gehabt hätte, ist postum weitgehend gegenstandslos geworden.

Um so gewichtiger waren für uns die formalen Probleme einer solchen Edition. Denn bei einer topographischen Gliederung der Texte als Reisebegleiter war es nicht zu umgehen, Aufzeichnungen verschiedenster Herkunft gleichrangig nebeneinander zu stellen: Äußerungen aus Briefen und stichworthaft formulierte Notizen aus Tagebüchern, die der Autor nie publiziert hat, neben Lyrik und Betrachtungen aus von ihm selbst autorisierten Sammelbänden wie den Gedichten und seinem 1926 veröffentlichten »Bilderbuch«. Dort hat er dem Thema Italien nicht mehr als 32 Seiten eingeräumt, also nur eine sehr knappe Auswahl seiner zahlreichen in Zeitungen und Zeitschriften gedruckten Reiseimpressionen.

Um die Wertigkeit der einzelnen Beiträge erkennbar zu machen, wurden sie mit Datierungen und Herkunftsangaben versehen sowie in einem Quellennachweis nochmals spezifiziert. Es bleibt zu hoffen, daß das gelegentlich auffallende stilistische Gefälle zwischen den einzelnen Texten wettgemacht wird durch einen Zugewinn an inhaltlicher Vielfalt, der anders nicht zu erreichen gewesen wäre.

Volker Michels

Textnachweis

Reiselust: Geschrieben 1910. Aus Hermann Hesse, »Gesammelte Werke«, Band 10 (Betrachtungen), Frankfurt am Main 1979 bzw. 1987, geringfügig gekürzte Fassung.

Über die Alpen: Geschrieben im März 1901. Aus Hermann Hesse, »Die Gedichte« (2 Bände), Frankfurt am Main 1977, Band 1.

Spaziergang am Comer See: Geschrieben 1913. Aus H. Hesse, »Gesammelte Werke« a.a.O. Band 6 (Bilderbuch).

Die Zypressen von San Clemente: Aus »Die Gedichte« a.a.O. Band 1.

Bergamo: Geschrieben 1913. Aus »Gesammelte Werke« a.a.O. Band 6 (Bilderbuch) mit dem Schlußpassus aus der Betrachtung »San Vigilio« von 1913 aus H. Hesse, »Italien«, Frankfurt am Main 1983.

Tagebuchnotizen aus Mailand: Geschrieben 1901 und 1903. Aus H. Hesse, »Italien« a.a.O. Reisetagebücher 1901 und 1903.

Ankunft in Cremona: Aus H. Hesse, »Die Gedichte« a.a.O. Band 1.

Abend in Cremona: Geschrieben 1913. Aus »Gesammelte Werke« a.a.O. Band 6 (Bilderbuch).

Tagebuchnotizen aus Genua: Aus H. Hesse, »Italien« a.a.O. Reisetagebuch 1901.

Bei Spezia: Aus »Die Gedichte« a.a.O. Band 1.

Meermittag: Geschrieben im November 1902. Aus H. Hesse, »Die Gedichte« a.a.O. Band 1.

Tagebuchnotiz aus Livorno: Aus H. Hesse, »Italien« a.a.O. Reisetagebuch 1901.

Hafen von Livorno: Aus H. Hesse, »Die Gedichte« a.a.O. Band 1.

Odysseus: Aus H. Hesse, »Die Gedichte« a.a.O. Band 1.

In Pisa: Aus H. Hesse, »Italien« a.a.O. Reisetagebuch 1901.

Vom Zauber einer alten, untergegangenen Kunst: Geschrieben 1901. Aus H. Hesse, »Italien« a.a.O. Dort u.d.T. »Triumph des Todes«.

»Ars Florentiae Docet«: Aus H. Hesse, »Italien« a.a.O.

Ostern in Florenz: Geschrieben 1901. Aus H. Hesse, »Italien« a.a.O. Dort u.d.T. »Lo scoppio del carro«.

Ein Opernabend: Geschrieben 1901. Aus H. Hesse, »Italien« a.a.O. Reisetagebuch 1901.

Wenn ich an Florenz denke . . .: Passage aus der Betrachtung »Über das Reisen«, 1904. Aus H. Hesse, »Die Kunst des Müßiggangs«. Kurze Prosa aus dem Nachlaß, Frankfurt am Main 1973.

Il Giardino di Boboli: Geschrieben 1901. Aus H. Hesse, »Italien« a.a.O.

Ein Stadtrundgang mit Hesses Reisetagebuch: Textpassagen aus H. Hesse, »Italien« a.a.O. Reisetagebuch 1901. Notiz vom 6. 3. 1903 aus einem Brief Hesses an Cesco Como; »Das trotzende Certaldo . . .« aus einer Rezension Hesses von 1912.

Toskanischer Frühling: Aus H. Hesse, »Italien« a.a.O.

Anemonen bei Fiesole: Geschrieben 1901. Aus »Gesammelte Werke«, Band 6 (Bilderbuch). Gekürzte Fassung der Betrachtung »Anemonen«.

Fiesole: Aus H. Hesse, »Italien« a.a.O. Reisetagebuch 1901.

Im Norden: Aus »Die Gedichte« a.a.O. Band 1.

Initialen: Geschrieben 1901. Aus H. Hesse, »Italien« a.a.O.

Certosa di Val d'Ema: Aus H. Hesse, »Italien« a.a.O.

Prato ist ein famoses Städtchen: Aus H. Hesse, »Italien« a.a.O. Reisetagebuch 1901.

Tagebuchnotiz aus Pistoia: Aus H. Hesse, »Italien« a.a.O. Reisetagebuch 1901.

Bologna: Aus H. Hesse, »Italien« a.a.O. Reisetagebuch 1901.

Padua: Aus H. Hesse, »Die Gedichte« a.a.O. Band 1.

Eine der charakter- und stimmungsvollsten Städte: Aus H. Hesse, »Italien« a.a.O. Reisetagebuch 1901. Der Text vom 21. 4. 1913 stammt aus einem Brief Hesses an seinen Vater und die Geschwister.

Stadt des Müßiggangs, der Liebe und der Musik: Textpassagen aus H. Hesse, »Italien« a.a.O. Reisetagebuch 1901.

Ankunft in Venedig: Geschrieben 1903. Aus H. Hesse, »Die Gedichte« a.a.O. Band 1

In den Kanälen Venedigs: Geschrieben 1901. Aus H. Hesse, »Italien« a.a.O.

Piazzetta: Aus H. Hesse, »Die Gedichte« a.a.O. Band 1.

Venedig: Geschrieben im April 1903. Aus H. Hesse, »Die Gedichte« a.a.O. Band 1.

Die venezianische Gondel: Aus H. Hesse, »Italien« a.a.O.

Die Lagune: Geschrieben 1901. Aus H. Hesse, »Italien« a.a.O.

Barcarole: Aus H. Hesse, »Die Gedichte« a.a.O. Band 1.

Ein Stadtrundgang mit Hesses Reisetagebuch: Textpassagen aus H. Hesse, »Italien« a.a.O. Reisetagebuch 1901.

Auf der Gräberinsel bei Venedig: Aus H. Hesse, »Italien« a.a.O.

In Venedig empfehle ich Ihnen . . .: Aus einem unveröffentlichten Brief vom 17. 9. 1902 an Cesco Como.

Ravenna: Geschrieben im Juni 1901. Aus H. Hesse, »Die Gedichte« a.a.O. Band 1.

Ein Eindruck von Unzerstörbarkeit und Ewigkeit: Aus H. Hesse, »Italien« a.a.O. Reisetagebuch 1901.

Siena mit seinem schwarz-weißen Banner: Aus H. Hesse, »Italien« a.a.O. Aus einer Rezension von 1914.

Montefalco: Geschrieben 1907. Aus H. Hesse, »Italien« a.a.O. Dort u.d.T. »Umbrisches Städtchen«.

Reiselied: Geschrieben im Juli 1911. Aus H. Hesse, »Die Gedichte« a.a.O. Band 1.

Gubbio: Geschrieben 1907. Aus H. Hesse, »Italien« a.a.O.

Jetzt war es Zeit, abzureisen . . .: Aus »Erinnerungen an Othmar Schoeck« in H. Hesse, »Gedenkblätter«, Frankfurt am Main 1984.

Zu diesen Italienwanderern gehöre ich: Aus der Rezension »Für Italienfreunde« in »März« (München) vom 7. 9. 1912.

Nachwort: Revidierte und spezifizierte Fassung des Nachworts zu H. Hesse, »Italien« a.a.O. vom März 1983.

Bildnachweis

Monika Aschenbrenner, Schwalbach i. Ts.: 13 (Italienkarte)

Bildagentur Mauritius, Frankfurt am Main: Umschlag (Foto: Witzgall); 20, 48 (Foto: Torino); 33 (Foto: Cash); 52 (Foto: H. Schwarz); 57 Foto: Vidler)

Bildagentur Schuster GmbH, Oberursel: 68, 81 (Foto: Boehm); 73, 104 (Foto: Dimpel); 77, 112 (Foto: Kasch); 129 (Foto: Grabinger)

Bilderberg, Hamburg: 136, 144 (Foto: Ellerbrock & Schafft); 141, 169, 177 (Foto: Milan Horacek); 156 (Foto: Andrej Reiser)

dpa. Deutsche Presse-Agentur Fotoreport-Color: 185 (Foto: Barone)

Insel Verlag Frankfurt am Main, Bildarchiv: 37, 61, 64, 88, 209, 211

Martin Thomas, München: 109

Zentrale Farbbild Agentur GmbH, Düsseldorf: 28 (Foto: K. Benser); 44 (Foto: Benser); 100 (Foto: Phillips); 173 (Foto: B. Benjamin)

Literatur und Reisen
im insel taschenbuch

Alt-Prager Geschichten. Gesammelt von Peter Demetz. Mit Illustrationen von Hugo Steiner-Prag. it 613

Alt-Wiener Geschichten. Gesammelt von Joseph Peter Strelka. Mit sechs farbigen Abbildungen. it 784

Das andere Ferienbuch. Herausgegeben von Vera Pagin und Hans-Joachim Simm. it 1174

Ernst Batta: Römische Paläste und Villen. Annäherung an eine Stadt. Mit zahlreichen Abbildungen. it 1324

Bodensee. Reisebuch. Herausgegeben von Dominik Jost. Mit zahlreichen Abbildungen. it 1490

Bonn. Ein Städte-Lesebuch. Herausgegeben von Doris Maurer und Arnold E. Maurer. Mit zahlreichen Abbildungen. it 1224

Dresden. Ein Reisebuch. Herausgegeben von Katrin Nitzschke. Unter Mitarbeit von Reinhard Eigenwill. Mit zahlreichen Abbildungen. it 1365

Das Ferienbuch. Literarische Souvenirs, aufgelesen von Vera Pagin und Hans-Joachim Simm. it 1082

Dominique Fernandez: Süditalienische Reise. Aus dem Französischen von Julia Kirchner. Mit farbigen Fotografien von Martin Thomas. it 1076

Florenz. Lesarten einer Stadt. Herausgegeben von Andreas Beyer. Mit zahlreichen Illustrationen. it 633

Florida. Reisebuch. Herausgegeben von Katharina Frühe und Franz Josef Görtz. Mit zahlreichen Abbildungen. it 1492

Theodor Fontane: Jenseit des Tweed. Bilder und Briefe aus Schottland. Mit zahlreichen Abbildungen und einem Nachwort herausgegeben von Otto Drude. it 1066

Georg Forster: Reise um die Welt. Herausgegeben und mit einem Nachwort von Gerhard Steiner. it 757

Manuel Gasser: Spaziergang durch Italiens Küchen. Mit Bildern von Manfred Seelow. it 391

Johann Wolfgang Goethe: Italienische Reise. Mit vierzig Zeichnungen des Autors. Herausgegeben und mit einem Nachwort versehen von Christoph Michel. it 175

– Tagebuch der Italienischen Reise 1786. Notizen und Briefe aus Italien. Mit Skizzen und Zeichnungen des Autors. Herausgegeben und erläutert von Christoph Michel. it 176

Johann Wolfgang Goethe: Kampagne in Frankreich 1792. Belagerung von Mainz. Herausgegeben von Jörg Drews. Mit zeitgenössischen Abbildungen. it 1525

158/1/11.93

Literatur und Reisen
im insel taschenbuch

– Tagebuch der ersten Schweizer Reise 1775. Goethes letzte Schweizer Reise. Mit den Zeichnungen des Autors und einem vollständigen Faksimile der Handschrift, herausgegeben und erläutert von Hans-Georg Dewitz. it 300/375

Hamburg. Ein Städte-Lesebuch. Herausgegeben von Eckart Kleßmann. it 1312

Victor Hehn: Olive, Wein und Feige. Kulturhistorische Skizzen. Herausgegeben von Klaus von See unter Mitwirkung von Gabriele Seidel-Leimbach. Mit farbigen Abbildungen. it 1427

Heidelberg-Lesebuch. Stadt-Bilder von 1800 bis heute. Herausgegeben von Michael Buselmeier. it 913

Heinrich Heine: Briefe aus Berlin. Herausgegeben von Joseph A. Kruse. it 1322

– Italien. Mit farbigen Illustrationen von Paul Scheurich. it 1072

Hermann Hesse: Mit Hermann Hesse durch Italien. Ein Reisebegleiter durch Oberitalien. Mit farbigen Fotografien. Herausgegeben von Volker Michels. it 1120

Mit Hermann Hesse reisen. Betrachtungen und Gedichte. Herausgegeben von Volker Michels. it 1242

– Tessin. Betrachtungen, Gedichte und Aquarelle des Autors. Herausgegeben von Volker Michels. it 1494

Istanbul. Herausgegeben von Esther Gallwitz. Mit Illustrationen von Thomas Allom. it 530

Erhart Kästner: Griechische Inseln. Aufzeichnungen aus dem Jahre 1944. Mit einem Nachwort von Heinrich Gremmels. it 118

– Kreta. Aufzeichnungen aus dem Jahre 1943. Mit einem Nachwort von Heinrich Gremmels. it 117

– Ölberge, Weinberge. Ein Griechenland-Buch. Mit Zeichnungen von Helmut Kaulbach. it 55

– Ölberge, Weinberge. Die Stundentrommel vom heiligen Berg Athos. 2 Bände in Kassette. it 55/56

– Die Stundentrommel vom heiligen Berg Athos. it 56

Harald Keller: Die Kunstlandschaften Italiens. Toskana. Florenz. Umbrien. Rom. Lombardei. Emilia. Venedig. Zwei Bände in Kassette. it 1576

London. Eine europäische Metropole in Texten und Bildern. Herausgegeben von Norbert Kohl. it 322

Doris Maurer / Arnold E. Maurer: Literarischer Führer durch Italien. Ein Insel-Reiselexikon. Mit zahlreichen Abbildungen, Karten und Registern. it 1071

158/2/11.93

Literatur und Reisen
im insel taschenbuch

Günter Metken: Reisen durch Europa. Mit zahlreichen Abbildungen. it 1572
– Reisen als schöne Kunst betrachtet. Erlebtes und Gesehenes aus fernen Ländern. Mit Photographien von Sigrid Metken. it 639

Mit Rilke durch das alte Prag. Herausgegeben von Hartmut Binder. Mit zahlreichen Abbildungen. it 1489

Michel de Montaigne: Tagebuch einer Reise durch Italien. Aus dem Französischen von Otto Flake. it 1074

Sigrun Bielfeldt: Moskau. Der literarische Führer. Von Sigrun Bielfeldt. Mit zahlreichen Abbildungen. it 1382

München. Ein Lesebuch. Herausgegeben von Reinhard Bauer und Ernst Piper. Mit zahlreichen Abbildungen. it 827

Fred Oberhauser / Gabriele Oberhauser: Literarischer Führer durch Deutschland. Ein Insel-Reiselexikon für die Bundesrepublik Deutschland und Berlin. Mit Abbildungen, Karten und Registern. it 527

Paris. Deutsche Republikaner reisen. Herausgegeben von Karsten Witte. it 389

Ernst Penzoldt: Sommer auf Sylt. Liebeserklärungen an eine Insel. Mit farbigen Zeichnungen des Verfassers. Herausgegeben von Volker Michels. it 1424

Potsdam. Ein Reise-Lesebuch. Herausgegeben von Doris Maurer und Arnold E. Maurer. Mit farbigen Abbildungen. it 1432

Reiseführer zu den Sieben Weltwundern. Philon von Byzanz und andere antike Texte. Zweisprachige Ausgabe von Kai Brodersen. Mit zahlreichen Abbildungen. it 1392

Rom. Ein Städte-Lesebuch. Herausgegeben von Michael Worbs. it 921

Salzburg. Ein Städte-Lesebuch. Herausgegeben von Adolf Haslinger. Mit zahlreichen Abbildungen. it 1326

Schwarzwald und Oberrhein. Der literarische Führer. Herausgegeben von Hans Bender und Fred Oberhauser. Mit zahlreichen Abbildungen. it 1330

Südtirol. Ein literarisches Landschaftsbild. Herausgegeben von Dominik Jost. it 1317

Toskana. Ein literarisches Landschaftsbild. Herausgegeben von Andreas Beyer. Mit Fotografien von Loretto Buti. it 926

Trier. Deutschlands älteste Stadt. Reisebuch. Herausgegeben von Michael Schroeder. Mit zahlreichen Fotografien. it 1574

Tübingen. Ein Städte-Lesebuch. Herausgegeben von Gert Ueding. Mit zahlreichen Abbildungen. it 1246

Umbrien. Reisebuch. Herausgegeben von Isolde Renner. Mit zahlreichen Abbildungen. it 1491

158/3/11.93

Literatur und Reisen
im insel taschenbuch

Venedig. Herausgegeben von Doris Maurer und Arnold E. Maurer. Mit zahlreichen Abbildungen. it 626

Venedig. Literarischer Führer. Herausgegeben von Doris Maurer und Arnold E. Maurer. Mit farbigen Abbildungen. it 1413

Warum in die Ferne? Das Lesebuch vom Daheimbleiben. Eingerichtet von Hans Christian Kosler. it 1332

Die Welt der Museen. Herausgegeben von Joachim Rönneper. it 1493

Wien. Reisebuch. Herausgegeben von Joseph Peter Strelka. Mit farbigen Fotografien. it 1573

Wien im Gedicht. Herausgegeben von Gerhard C. Krischker. it 1488

Dietmar Grieser: Wiener Adressen. Ein kulturhistorischer Wegweiser. it 1203

158/4/11.93

Hermann Hesse
im Suhrkamp Verlag und Insel Verlag

Gesammelte Schriften in sieben Bänden. Leinen und Leder

Gesammelte Briefe in vier Bänden. Unter Mitwirkung von Heiner Hesse herausgegeben von Ursula und Volker Michels. Leinen

Gesammelte Werke. Werkausgabe in den suhrkamp taschenbüchern in zwölf Bänden. st 1600

Gesammelte Erzählungen. Geschenkausgabe mit farbigem Dekorüberzug in Schmuckkassette. Sechs Bände.

Die Romane und die großen Erzählungen. Jubiläumsausgabe mit farbigem Dekorüberzug in Schmuckkassette. Acht Bände.

Hermann Hesse Lesebücher

Jedem Anfang wohnt ein Zauber inne. Lebensstufen. Zusammengestellt von Volker Michels. Paperback

Eigensinn macht Spaß. Individuation und Anpassung. Zusammengestellt von Volker Michels. Paperback

Wer lieben kann, ist glücklich. Über die Liebe. Zusammengestellt von Volker Michels. Paperback

Die Hölle ist überwindbar. Krisis und Wandlung. Zusammengestellt von Volker Michels. Paperback

Das Stumme spricht. Herkunft und Heimat. Natur und Kunst. Zusammengestellt von Volker Michels. Paperback

Die Einheit hinter den Gegensätzen. Religionen und Mythen. Zusammengestellt von Volker Michels. Paperback

Einzelausgaben

Aus Indien. Aufzeichnungen, Tagebücher, Gedichte, Betrachtungen und Erzählungen. Neu zusammengestellt und ergänzt von Volker Michels. st 562

Aus Kinderzeiten. Gesammelte Erzählungen Band 1. 1900-1905. Zusammengestellt von Volker Michels. st 347

Bäume. Betrachtungen und Gedichte. Mit Fotografien von Imme Techentin. Zusammenstellung der Texte von Volker Michels. it 455

Bericht aus Normalien. Humoristische Erzählungen, Gedichte und Anekdoten. Herausgegeben und mit einem Nachwort von Volker Michels. st 1308

Berthold. Erzählung. st 1198

Beschreibung einer Landschaft. Schweizer Miniaturen. Herausgegeben und mit einem Vorwort versehen von Siegfried Unseld. st 1970

Der Bettler. Zwei Erzählungen. Mit einem Nachwort von Max Rychner. st 1376

14/1/7.93

Hermann Hesse
im Suhrkamp Verlag und Insel Verlag

Casanovas Bekehrung und Pater Matthias. Zwei Erzählungen. st 1196
Demian. Die Geschichte von Emil Sinclairs Jugend. BS 95 und st 206
Eigensinn. Autobiographische Schriften. Auswahl und Nachwort von Siegfried Unseld. BS 353
Emil Kolb. Erzählung. st 1202
Der Europäer. Gesammelte Erzählungen Band 3. 1909-1918. Zusammengestellt von Volker Michels. st 384
Franz von Assisi. Mit Fresken von Giotto und einem Essay von Fritz Wagner. it 1069
Freunde. Erzählung. st 1284
Gedenkblätter. Erinnerungen an Zeitgenossen. Neu durchgesehen und um Texte aus dem Nachlaß ergänzt von Volker Michels. st 963
Die Gedichte. 1892-1962. 2 Bde. Neu eingerichtet und um Gedichte aus dem Nachlaß erweitert von Volker Michels. st 381
Die Gedichte. Herausgegeben und mit einem Nachwort versehen von Volker Michels. Leinen
Gedichte des Malers. Zehn Gedichte mit farbigen Zeichnungen. it 893
Gertrud. Roman. st 890
Das Glasperlenspiel. Versuch einer Lebensbeschreibung des Magister Ludi Josef Knecht samt Knechts hinterlassenen Schriften. Leinen und st 79
Glück. Späte Prosa. Betrachtungen. BS 344
Die Heimkehr. Erzählung. st 1201
Hermann Hesse Lesebuch. Ausgewählt und herausgegeben von Volker Michels. st 1975
Hermann Lauscher. Mit frühen, teils unveröffentlichten Zeichnungen und einem Nachwort von Gunter Böhmer. it 206
Heumond. Erzählung. st 1194
Im Garten. Betrachtungen und Gedichte. Zusammengestellt und mit einem Nachwort von Volker Michels. Mit zahlreichen Abbildungen. it 1329
In der alten Sonne. Erzählung. st 1378
Innen und Außen. Gesammelte Erzählungen Band 4. 1919-1955. st 413
Iris. Ausgewählte Märchen. BS 369
Italien. Schilderungen, Tagebücher, Gedichte, Aufsätze, Buchbesprechungen und Erzählungen. Herausgegeben und mit einem Nachwort von Volker Michels. st 689
Jahreszeiten. Betrachtungen, Gedichte und Aquarelle zu den 12 Monaten. Herausgegeben von Volker Michels. Großdruck. it 2339
Josef Knechts Lebensläufe. BS 541

14/2/7.93